殯葬生命教育

鈕則誠◎著

Chinese Life Education for Funeral Professionals and Consumers

序

　　在主流官方論述之外，悠游自得地揮灑我的華人生命教育理念，於過去四年間為我帶來一系列文字上的豐收，而這將是同型著述的最末一冊。未來我準備回到高中時代的夢想與初衷，為解答「人生的意義」而探索、而寫作。多年來推動生命教育工作，覺得醫療護理專業高不可攀，已漸行漸遠；輔導諮商專業道不同調，乃存而不論；倒是喪葬殯儀行業亂中有序，值得進一步交流對話。

　　感謝中華民國葬儀商業同業公會全國聯合會理事長王志成先生，主動邀集產、官、學各界朋友互通有無；同時更對揚智以及威仕曼兩家文化事業公司的作法感到欽佩，只見他們有魄力持續出版殯葬專書，為殯葬改革作出貢獻。每當說出自己在推動殯葬教育，立刻發現別人用疑懼的眼神望著我，便知道這條路仍有很長一段要走。我堅持走自己的路，同時歡迎大家批評指教。

　　最後還要向揚智文化事業公司的編輯胡琡珮小姐，以及銘傳大學教育研究所碩士班2005級的邱金齡、許瑋庭兩位同學致謝，她們迅速而確實的文書處理，讓本書得以順利完成。

鈕則誠　謹識
2007年　元旦

目　錄

【導 論】

從臺灣生命教育
到華人生命教育

摘要

作為全書導論的章節，本章首先為殯葬生命教育奠定生命教育的基礎。此一基礎內涵乃是華人生命教育，其具體內容將在第一篇的三章中闡述。華人生命教育由臺灣生命教育轉化而來，屬於官方觀點以外的民間立場。臺灣官方的生命教育源生於一所天主教中學的倫理教育和宗教教育，具有深厚的西化傾向和宗教色彩並無可厚非，但是普及推廣於各級學校和各地華人社會，便可能出現曲高和寡的不相應狀況，有待進行本土轉化擴充與在地落實紮根。臺灣生命教育偶然走上以哲學為核心學問的道路是其特色，轉化後的華人生命教育將據此發展以中國人生哲學為中心價值的生命學問。這種生命的學問反映出傳統儒道思想與民俗信仰的智慧結晶，具有「後科學、非宗教、安生死」的性質，有助於進一步開創適用於華人的殯葬生命教育。

引　言

　　對教育工作者、受教學生以及學生家長而言，「生命教育」無疑是一個十分正向的概念。然而人們對於它的認識卻顯得相當歧異，從理解為生命科學到視之為宗教教誨的都有。不過它在臺灣成為流行名詞，仍有著特定的時空背景。雖然西方國家早就出現相同提法，但是彼此的雷同純屬偶然。即使近年大陸和港澳地區也有人在提倡生命教育，兩岸四地之間還是有所出入。平心而論，一辭多義很常見，像「哲學」便不乏各自表述的情形。本書寫作的目的，在於向華人社會推動有關殯葬的生命教育，希望能夠「異中求同，同中存異」，也就是在多元的論述中批判地去蕪存菁、推陳出新。在一般人的觀念裡，「生命」的相對面乃是「死亡」。當諱言死亡的華人引用孔子「未知生，焉知死」一說時，我則嘗試通過「未知死，焉知生」的途徑去開展生命教育。

第一節　臺灣生命教育的興起

　　「生命教育」之說最早出現在上個世紀七〇年代末期，澳大利亞自1979年起設立「生命教育中心」，以防止暴力、毒品和愛滋病蔓延於校園。由於澳洲具有大英國協的背景，這項教育措施充其量僅影響及英國統治下的香港，其他華人社會並不曾聞問。十八年後，同名的「生命教育」在臺灣成為政府推動的教育政策，卻只是把一所天主教中學行之有年的倫理教育重新加以包裝，再推廣到所有中學去。1997年臺灣省政府教育廳在臺中市的天主教曉明女中內設立「倫理教育推

廣中心」，次年更名為「生命教育推廣中心」，並出版《臺灣省國民中學八十七學年度生命教育教師手冊》，可視為第一部由官方提出的生命教育指導綱領（鈕則誠，2004a）。事實上，當時省政府曾經雄心勃勃地編印出中學六年十二冊的教材，無奈第二年便面臨精省的命運而全部夭折。

　　生命教育一度因為精省效應失去官方支持無以為繼，後來雖然碰上地震災變短暫發揮安定人心的影響力，卻又在政黨輪替下歸於沉寂，所幸它終於受到一位有心的教育部長青睞，而被大張旗鼓地全面推動。2000年8月1日曾志朗召開記者會，宣布成立「推動生命教育委員會」，並訂定次年為「生命教育年」。至於他心目中的生命教育，則包括人際關係、倫理、生死學、宗教、殯葬禮儀等五大內容（陳曼玲，2000）。不過最初公布的委員名單中，二十六人扣除十二名政府代表外，其餘學者和中小學校長代表，半數以上具明顯宗教背景，曾引起社會大眾質疑而見諸報端。這多少反映出臺灣生命教育的宗教性因素根深柢固，但並非壞事，反而是一項特色。至於本書提倡的華人生命教育，則延續了我近年所宣示的「非宗教」立場，從而表現為有別於官方的另類論述。

　　非宗教立場並非反宗教，而是少談甚至不碰宗教。宗教是給人信仰的，而非拿來討論的；即使限於「對話」，也難免不會產生立場問題。身處以漢民族為主的中華文化氛圍中，我深覺由儒道二家思想為代表的非宗教立場，可作為生命教育的豐富活水源頭。在儒家方面，新儒家學者陳德和（2006a）便指出，多年來臺灣生命教育論述中，除佛教外幾乎不見其他傳統學術的影子，其原因包括主事者的偏見和儒者的疏忽。他甚至表示，以儒家經典為內容的高中《中國文化基本教材》，正是最鞭辟入裡的生命教育教材，卻在官方近年「去中國化」的風潮中，被刻意疏化和隔離（陳德和，2005）。我所執持的立場雖然較近於道家，也同樣認為生命教育不能忽略非宗教性質的中華文化

傳統思想。我有意以凸顯民族文化思想爲進路，從臺灣生命教育走向華人生命教育。

臺灣生命教育興起至今已歷十年，由於此一概念的廣泛性和含糊性，乃形成「各自表述，各取所需」的多樣景觀；說得好聽是「有容乃大」，認其不當者則視之爲「多此一舉、多此一言的餘行贅詞」，因爲它的至大無外，幾與「教育」同義（陳德和，2006a）。根據我的歸納，目前在臺灣標榜生命教育的至少有七種取向：倫理教育、宗教教育、生死教育、健康教育、生涯教育、性別教育、環境教育，它們到如今已經發展成爲六間專門系所，以及八門高中選修課程，並且向下紮根至國民中小學及幼兒園。2001年7月政府頒布了一冊《教育部推動生命教育中程計畫》，載有「各級學校應……建立以生命教育爲教育核心之共識」的指示，確實透顯出主事者試圖以生命教育來涵攝整個教育的主觀期待。此一理想雖然不易達成，但是將生命教育的精神貫注於各種教育活動中，終究是值得期待的事情。

前面曾提到，生命教育在臺灣因緣際會風起雲湧，源頭還是在於天主教的曉明女中實施了二十年的宗教教育和倫理教育。碰巧於生命教育剛上路時，佛教的南華管理學院創辦了生死學研究所。1997年8月我出任該所首任所長，下學期便主動邀請曉明女中「生命教育推廣中心」主任錢永鎭到生死所演講，引起部分教師與碩士生極大興趣，更有人以此爲題材撰寫學術或學位論文，從而開啓了生死教育取向的生命教育之途徑。幾乎就在同時，有殯葬業者在報上登廣告呼籲設立殯葬科系，南華的生死學研究所便與宗教文化研究中心攜手合作，針對此議題舉辦設系研討會，後來更演進出一系列的「殯葬管理研習班」，成爲臺灣殯葬教育的嚆矢。只是曾志朗口中生命教育五大議題之一的「殯葬禮儀」，在日後卻因主事者的忽視而無從發展。本書的寫作正是爲彌補此一缺憾而起。

第二節　臺灣生命教育的內容

　　臺灣生命教育在曉明女中時代走的是倫理教育路線，而且還帶有長遠的宗教教育背景。當時負責撰寫〈倫理教育須知〉的徐錦堯神父來自香港，或許自此引進英語國家的「生命教育」說法也未可知。不過曉明全係女生，學生素質高、水準齊，不必擔心暴力、毒品和愛滋病的問題，倒是倫理學或人生哲學蔚為重要課題。事實上，這是臺灣天主教學校行之有年的傳統，像我曾就讀十年的輔仁大學，其他如靜宜大學、文藻學院、耕莘護專等校，至今仍維繫著這項傳統。且其授課教師主要由神職人員擔任，或至少要具備資深信徒背景，目的則是為傳播天主教思想和教義。此種作法並無可厚非，而基督教和佛教辦的學校也有類似情況。不過臺灣原本即是多元信仰雜陳的華人社會，講授倫理學或人生哲學，有關道教和民俗信仰，以及儒道融通的人生信念，同樣為不可或缺的環節。

　　臺灣由官方主導的生命教育，自1998年8月起在省屬國民中學正式開其端，至2006年8月發展成為所有高級中學的正式課程，算是頭一個階段的完成。目前最具體的生命教育內容，可見於《普通高級中學課程暫行綱要》所載的「生命教育類」課程綱要（教育部，2005）。這套課程共有八門科目，皆為二學分課程，其中「生命教育概論」一科為入門課程，其餘「哲學與人生」、「宗教與人生」、「生死關懷」、「道德思考與抉擇」、「性愛與婚姻倫理」、「生命與科技倫理」、「人格統整與靈性發展」等七科歸進階課程。此一課程規劃的重要推手及核心人物，為現任臺灣生命教育學會理事長的臺大哲學系教授孫效智。他曾接受天主教神學訓練，哲學專長則為倫理學，也因此進階七科中有五門屬於哲學及宗教範疇，剩下兩門則為生死學和

心理學。如此安排大致符合曾志朗心目中生命教育的五大主題，只是「殯葬禮儀」被壓縮成「生死關懷」內十一項核心能力之一，明顯有所不足。

自從生命教育課程綱要正式出版後，這份幾乎占去整冊高中課程綱要五分之一篇幅的重要文件，便成為臺灣生命教育論述的官方說法和具體內容。2006年由我主持的教育部「九年一貫與幼稚園生命教育課程大綱及教學示例」專案研究計畫，就是根據上述對高中三年的課程規劃，向下延伸紮根十二年的努力。國民中小學及幼兒園的生命教育雖無正式課程，卻可嘗試融入各領域及學科教學中。此一計畫邀請高中課程綱要十三位撰稿人當中的兩位學者陳秀蓉和吳庶深擔任指導專家，他們曾經負責倫理學和心理學部分，加上我對生死學的多年投入，使我有意將生命教育對焦於人性教育、人生教育和生死教育三種取向。由於中國心理學指向人性論，因此我將「人格統整與靈性發展」視為較廣義的人性教育加以發揮，目的則是為了將臺灣生命教育轉化擴充為華人生命教育，相信這才是可長可久之計。

高中「生命教育概論」一科綜述了整個生命教育的內容，可謂樹人百年大計。只是全部八科課程綱要反映出相當程度的西化及宗教色彩和中產階級意識型態，是其美中不足之處。對此我乃撰成十六萬字專書《生命教育概論——華人應用哲學取向》，加以反思與批判，並且建議回歸本土民族文化思想，重新建構在地生命教育論述。「本土」與「在地」是兩個不同層次的概念，後者一方面融攝在前者之中，一方面發揮時空脈絡下的特色，但是不能自行其是。舉例來說，中華文化是本土文化的代表，在此意義下，臺灣、港澳、上海、東北、大西部，甚至東南亞國家的華人社會，都可以擁有具在地特色的文化傳承，不過這一切的根柢皆在以漢民族為主所發展出來的中華文化。全球六十六億人口中五分之一為華人，至少有十億人不信教，過著新儒家學者梁漱溟（2000）所說的「幾乎沒有宗教的人生」。在此情況

下，「非宗教」的華人生命教育，自有其重要價值與任務。

　　雖然臺灣的生命教育面貌相當多元，但是在中小學其他課程中，已經涵蓋有健康、生涯、性別、環境諸課題，因此最初納入的倫理、宗教和生死課題，可視爲核心部分。由於宗教生活不是華人社會的必要條件，反倒是生死關懷屬於宗教生活的充分條件，所以我主張將宗教課題放在生死教育中介紹。此外中國倫理學不同於西方倫理學，重視安身立命而非道德推理；而中國心理學也不同於西方心理學，重視人性問題而非行爲考察，我乃建議將西方的倫理和心理課題，轉化爲本土的人生與人性教育推廣給學生。至於生死教育所關注的臨終關懷、悲傷輔導、殯葬管理等實務活動，前兩者已有成熟的醫護和輔導專業在有效運作，唯獨殯葬雖爲民生所必需，卻長期被學者專家和社會大眾邊緣化甚至污名化，有必要通過生命教育以移風易俗、推陳出新。這正是生命教育大可著力之處。

第三節　華人生命教育的轉化

　　生命教育在臺灣剛起步時，就碰上一椿學生自殺事件，立即背負起自殺防治的重責大任。有人認爲年輕人自殺的原因之一在於抗壓性太差，乃以外表亮麗卻經不起施壓的水果草莓相比擬，而稱作「草莓族」。無獨有偶地，近年大陸一胎化之下的青少年也有類似情況出現，使得心理輔導諮商工作大爲吃重。作爲自殺防治的生命教育，主要歸於人生教育方面，意即探討如何安身立命。「安身立命」原本爲佛家語，意指身心有所安頓寄託。法國存在主義哲學家卡繆曾經表示，眞正的哲學問題只有一個，那就是自殺；決定是否值得活下去，比什麼都來得迫切和重要（馬振濤、楊淑學譯，2002）。而當代中國哲學家馮友蘭（2004）也發現，西洋哲學總是在一些枝節問題上鑽牛

角尖，對於使人安身立命的大道理反而不講，只有存在主義是例外。但是解決這些大問題，原本就是哲學的責任。在中國從五四時代以來，人們就在問這一類的問題。

針對特定的時空脈絡來考察，臺灣生命教育的提倡有其一定時代意義。官方的《中程計畫》強調，活在電子產品充斥時代的學生，受到科技的影響，對於生命的價值、人生的意義、人我關係、人與自然的關係，以及生死問題等，無法真正瞭解，而衍生出各種傷害他人和自我傷害的事件。照這種觀點看，生命教育可以站在人文的立場，試圖改善科技發達所帶來的弊病。事實上，後來發展出來一整套生命教育課程，可以說是充滿人文性質的；尤其是以哲學為核心，與我心目中的「人生哲學教育」不謀而合。但是深入探究，便會發現官方生命教育背後的哲學思維相當西化，更充滿宗教色彩。如此一來，對於在臺灣的華人是否適當，實在值得商榷。問題是當前它已經演進為既定政策在推行，要想改弦更張，只有寄望民間的力量。

臺灣的官方生命教育不盡理想，我有意提出一套民間論述加以推動，此即經過轉化擴充的華人生命教育。2005年秋季，我已將之落實在空中大學選修科目「生死學」之中。此科於全臺灣共有三千七百多人選課，當時我在教科書內提出了完整的「華人生死學」論述，標幟出「後科學、非宗教、安生死」的特色（鈕則誠，2005）。眼前這本書則嘗試以中國人性論、中國人生哲學和華人生死學三者，分別代表人性教育、人生教育和生死教育取向的生命教育，其特出之處正是「後科學、非宗教、安生死」。西方用科學方法去開發心理學，結果失去了「心」；對廣大不信教的華人講宗教，結果越發不相應；唯有回歸中華文化的本源來談生論死，方能如實使人安身立命、平和善終。華人生命教育的轉化，便是從西化的、宗教的觀點，轉化為本土的、人文的立場，讓廣大華人終身受用。

華人生命教育不是空中樓閣，而是其來有自；要想真正落實生命

教育，只有從「生命的學問」中著手。彰顯「生命學問」的當代新儒家哲學家牟宗三對此有所闡揚，值得加以引述：「西方人有宗教的信仰，而不能就其宗教的信仰開出生命的學問。他們有『知識中心』的哲學，而並無『生命中心』的生命學問。……眞正的生命學問是在中國。但是這個學問傳統早已斷絕了，而且更爲近時知識分子的科學尺度所窒死。……今之學校教育是以知識爲中心的，卻並無『明明德』之學問。『明明德』的學問，才是眞正『生命』的學問。生命的學問，可以從兩方面講：一是個人主觀方面的，一是客觀的集團方面的。前者是個人修養的事，個人精神生活昇進之事……。後者是一切人文世界的事，如國家、政治、法律、經濟等方面的事……。」（牟宗三，2005：31-34）。

上述牟宗三就生命學問所作的闡釋，可視爲對華人生命教育最佳註腳。華人生命教育要教的乃是中國生命學問，而非西方科學與哲學知識以及宗教信仰。基於「後科學、非宗教、安生死」的理念，華人生命教育是從人性論走向人生觀再及於生死學，亦即先行把握人性，其次安頓人生，最終坦然面對死亡。牟宗三的生命學問包含有「內聖外王」的儒家理想，我則倡議「自然而然」的道家境界。對讀書人而言，學做「後現代儒道家」，成爲「知識分子生活家」，用人生信念了生脫死可謂足夠；但對一般社會大眾而言，擁有信仰似乎不可或缺，此時民俗信仰較宗教信仰更適於華人社會。民俗信仰是沒有體制、不入教團的信仰，可納入有容乃大的道教之內。魯迅嘗言「中國根柢全在道教」，著實不無道理。畢竟以反抗外來佛教入侵而興起的本土道教，經歷千百年的洗鍊，已經具備旺盛的生命力，是華人生命教育另一道活水源頭。

🌱 第四節　華人生命教育的展望

　　「從臺灣生命教育到華人生命教育」的進路有兩層意義，一層是
內涵的轉化，另一則是實踐的擴充。臺灣的生命教育在官方推動十年
後已蔚為顯學，但是它的西化內容和宗教色彩，於華人社會實有所不
足，有待通過提倡民族意識和人文精神以反映其不足之處。至於華人
社會並不限於臺灣一處，除大陸、香港、澳門外，至少還包括新加
坡、馬來西亞等地。這些地方的華人大多以漢民族文化為主，在尊重
少數民族和所在國家人民的情況下，發揚具中華文化意義與內涵的生
命教育，實為理所當然的途徑。在這方面，臺灣除了少數新儒家學者
不平則鳴發出呼籲外，並未有進一步的發展。反倒是大陸出現了一些
進展值得注意，像河南大學編輯出版一套三冊《生命教育叢書》（王
北生等，2004；劉志軍等，2004；劉濟良等，2004），南京師範大學
申請重點科研項目（馮建軍，2004），上海市印發《上海市中小學生
命教育指導綱要（試行）》（2005）等，都是具體的作法。

　　不過上述作法均屬教育界的努力，且不乏西方觀點的舖陳。真正
從中華文化出發，在學理基礎上為生命教育紮根的努力，主要來自江
西哲學學者鄭曉江一系列的著作。尤其是他於2005及2006年在臺灣先
後出版的《中國生命學──中華賢哲之生死智慧》與《生死學》二
書，可視為華人生死學在哲學方面的重要立論。「生命學」的提法來
自生死學先行者傅偉勳（1996），他於1993年拈出「現代生死學」之
說，初期實偏重西方的「死亡學」。後來雖然強調應以中國的「生命
學」與之互補，以收相輔相成之效，但終因驟逝而未及建構。然而他
畢竟還是在去世之前，肯定生死學應走向具中國本土特色、由儒道佛

三家所共通分享的「心性體認本位」哲理。至於鄭曉江對此的貢獻，則在於看見中國傳統人生哲學重視生命卻忽視生活和死亡的問題，因此他將之擴充為「生死哲學」。生死哲學涵蓋生命、生活、死亡、臨終諸方面，是適於華人生命教育的具體內容。

　　兩岸四地的生命教育近年先後起步。香港曾為英國殖民地，最早受到英語國家生命教育的影響，卻與中國傳統的生命學問無關，直到最近幾年才因為出生於香港的臺灣生死學者吳庶深穿針引線而有所對話。臺灣官方的生命教育發展一如前述，由天主教中學開其端，至今仍以天主教學者推行最力，其他宗教團體也有機會共襄盛舉，傳統學問則被邊緣化，只能寄望由民間發聲。大陸官方的生命教育可視為思想道德教育的延伸擴充，民間學者則有回歸傳統學問之勢，值得期待。澳門過去對此甚少著墨，2005年有位曾經推廣生死教育的臺灣學者單文經前往任教，多少也帶動起相關學術交流的風氣。值得一提的是，同年馬來西亞歷史學者王琛發曾在當地殯葬業者的支持下，舉辦過一次以「華人生死學」為名的學術研討會，稱得上是華人生命教育在東南亞開花結果。

　　華人是世界上最大的族群，人口超過全球五分之一，其中漢族占百分之九十三，裡面又有九成不信教。「不信教」是指無關於任何宗教團體，但並非沒有信仰或信念。華人大多有一定的人生信念，通常歸於儒家及道家思想；也有相信民俗信仰，通常是以道佛雜糅的形式呈現。倘若「宗教是團體活動，信仰屬個人抉擇」，則華人信仰不涉足宗教團體是一大特色。這點經由臺灣宗教學者鄭志明的考察，已大致建構為獨樹一幟的「華人宗教學」。舉凡團體性的宗教皆排斥「改宗」，亦即改入不同宗教團體；甚至在同一宗教內的派系山頭間游走皆予反對。但是華人既然不加入任何宗教團體，便無改宗的困擾；尤有甚者，乃是更出現普遍「游宗」的現象，在不同教團或派系山頭影響的道場中游走（鄭志明，2005a）。游宗是打破宗教團體宰制人心的

最佳作法，是避免讓教團中人濫用神聖光環卻又不失個人信仰的策略施展。

　　華人生命教育主張「後科學、非宗教、安生死」，前兩者係前提，後者屬結論。「後科學」是站在科學技術的後面和外面對之加以反思批判，目的為「御物而不御於物」；看一看時下人們受制於電腦和手機的情形，便可知曉問題的嚴重性。「非宗教」對生死教育尤其重要，因為任何宗教系統皆就「死後生命」有所許諾，華人生死學卻彰顯出「活在當下」的現世主義，對死後生命存而不論，因此選擇儒道二家思想為核心價值。正如傅偉勳所言：「佛教除外的中國思想文化傳統，並不具有強烈的宗教超越性這個事實，在儒道二家的生死觀有其格外明顯的反映。」（傅偉勳，1993：156）。尤有甚者，唯一興起於中國本土並用以對抗佛教入侵的道教，追求的乃是通過修身養性達到長生不死的境界（鄭志明，2000），同樣為不寄望死後生命的健康想法。儒道思想和道教民俗信仰，正是華人生命教育的未來希望。

結　語

　　本書有意開創一套適用於華人社會的殯葬生命教育之理念與學問，知識建構在其中並非主要任務，情意體驗才是真正要提倡的人生實踐。由於推動殯葬生命教育必須先瞭解華人生命教育的發展途徑，本章主要在於呈現華人生命教育自臺灣生命教育轉化擴充的可能。臺灣生命教育由哲學出發，觀照到生死學，此為本書所肯定認同。華人生命教育要轉化與擴充的，乃是臺灣生命教育當中的西化及宗教性觀點，使之步向中國人生哲學和華人生死學的生命學問方向。一旦華人生命教育得以落實，殯葬生命教育方能有效地深化開展。華人殯葬生命教育屬於全民素質教育，希望讓社會大眾從死後生命、輪迴業報之

類的宗教迷思中解套，回歸本土民族文化的現世主義人生智慧。臺灣的殯葬亂象大多來自這些似是而非的迷思誤導，大陸人民在生活富足後，料理後事也開始由簡入繁，亟待正本清源、推陳出新，真正體現「慎終追遠」的人文精神與「反璞歸真」的自然境界。

課後反思

1. 生命教育在臺灣至少開創出倫理教育、宗教教育、生死教育、健康教育、生涯教育、性別教育、環境教育等七種取向。請根據自己的觀察對此加以印證。

2. 臺灣生命教育已發展成生命教育概論、哲學與人生、宗教與人生、生死關懷、道德思考與抉擇、性愛與婚姻倫理、生命與科技倫理、人格統整與靈性發展等八門正式教學科目，其中有四科可歸於哲學課程。請對此加以評論。

3. 華人生命教育根據「後科學、非宗教、安生死」的理路，指出融攝人性教育和人生教育的生死教育取向，由此可進一步開展殯葬生命教育。請對之予以闡述。

4. 華人生命教育核心價值的根源為傳統儒道二家思想，由此體現出「後現代儒道家」的生命情調，並善用道教民俗信仰，讓廣大華人安身立命。你是否同意這一系想法？

心靈會客室

安身立命

　　放寒假後，我首先把學生的成績打完並交差了事，再拾筆想接著完成兩個月來斷斷續續寫了兩章的護理倫理學教科書，突然有種強烈無以為繼的感受。幾經反思，終於毅然決然放棄寫作，開始構思另外一部有關殯葬生命教育的著作，並且立刻著手寫第一章，終於在大年初二陪太太回娘家返來後伏案用功下告一段落。回想我自十四年以前踏進護理專校兼課，先是結合護理學與哲學撰寫論文而升等為教授，再則從對護理學的後設探究很自然地走向生死學的知識建構。不可否認地，護理學是我正式擔任教職從事學術研究的活水源頭。它滋潤我的知識生命十餘年，我對之只有感恩與惜福，卻又不能不油生一種漸行漸遠的分手感覺。這並非護理之過，只是我的心境有了奇妙的轉變：當追求情意生命的願望越來越強烈，對理論知識的興趣也就越來越淡薄。

　　就在去年暑假間，我花了三十天一口氣寫成十萬字的殯葬學專書，個人的學問關注焦點便從醫護、生死逐漸轉向殯葬。在我看來，生死學是「虛」的，大家愛怎麼說就怎麼說，「一人一把號，各吹各的調」，我講了十年仍覺不踏實。相反地，醫療、護理、殯葬這些涉及專門技能的活動卻是地地道道的「實學」，容不得外人指東道西。像我花了許多工夫去探討醫學倫理學及護理學哲學，卻發現自己始終身處邊緣，跟醫護人員的專業壓根兒就不曾產生交集，原因正是醫護專業的科學知識性太強，讓我努力從事的人文對話幾乎流於一廂情願。這種心情在我上學期對兩百多名護生講授生死學卻一事無成後達於頂點，隨後便為之釋然，也開始體認到必須跟過去的學術教育生命說再見了。

　　年初二下午，我在擁擠的臺北龍山寺門口一塊碑石前，驚覺領悟到臺灣民俗信仰旺盛的生命力，或許它正是我的生涯另一個起點。那塊碑石介紹著龍山寺主祀觀世音菩薩，陪祀的包括媽祖婆、關老爺，外加文昌帝君。待我自寺內取得善書《文昌帝君陰騭文》一冊，終於對這位為學者和考生崇拜的對象有了深一層的瞭解。華人世界有為者皆可能變作神明，著實太奇妙了！這類世俗化的信仰，再加上各式各樣的鬼靈傳說，圍繞在一個備受世人誤解的殯葬業四週；而我在過去八年間，一直跟殯葬業多所往還。殯葬的專業化可說尚未起步，對我這樣的哲學人文學者而言，較之醫護專業有著更開闊的發揮空間。年過半百以後，我逐漸意識到安身立命有否可能。像我這般一事無成的教書匠，做些殯葬方面的生命學問，或許真能海闊天空一番呢！

【本論】

Chinese Life Education for Funeral Professionals and Consumers

第一篇
華人生命教育

人性教育取向

摘 要

　　本章是第一篇〈華人生命教育〉三大取向之一的人性教育取向之引介，其餘二者為人生教育及生死教育取向，分別在下兩章紹述。殯葬生命教育屬於「由死觀生」的教育途徑，類似作法還可以通過臨終關懷或悲傷輔導進行反思；本篇集中闡述生命教育內涵，殯葬議題留待後兩篇討論。人性教育由中國人性論出發，但擺脫人性善惡的論辯，直指人格典型的塑造。西化觀點將「人格統整與靈性發展」交給西方心理學及宗教學處理，本章則提倡中國人性論與華人宗教學的本土論述。中華文化本土論述拈出「後現代儒道家」的人格典型，作為生命教育推廣內容。後現代儒道家轉化古典儒道二家思想，並融現代存在主義與後現代關懷倫理學於一爐，希望能夠結合君子、真人、公民、存在者、關懷者特質於一身。

引　言

　　本書共分爲導論、本論、結論三部分，其中本論部分包括三篇，第一篇介紹華人生命教育，後兩篇則圍繞著殯葬主題而討論。作爲民間論述的華人生命教育，可視爲臺灣生命教育官方論述的轉化與擴充，二者的差別在於我主張採取融會儒道二家思想的人生哲學爲核心價值，堅持以中華文化爲依歸。官方論述彰顯哲學的人文精神値得肯定，具有西化傾向和宗教色彩是其特色；民間論述則針對這些特色，提出不同的看法。本書將西化的宗教教育和倫理教育取向，轉化爲本土的人性教育與人生教育取向，至於生死教育取向予以保留和擴充。官方觀點反映在高中課程上，本章將檢視「人格統整與靈性發展」和「宗教與人生」二科，我的作法是從「中國人性論」導入主題，通過對上述兩科觀點的批判，而以建構「後現代儒道家」思想來豐富人性教育的內涵。

第一節　中國人性論

　　臺灣生命教育課程具有三大基本理念：終極關懷與實踐、倫理思考與反省、統整知情意行，它們構成教學實踐的三大向度。其中「統整知情意行」理當視爲生命教育最終要達成的理想境地，主事者希望經由「人格統整與靈性發展」一科來落實上述理想。此科可分爲「人格統整」與「靈性發展」兩方面來看，前者主要在介紹心理學知識，後者則從相關的心理學知識中，引申出知行合一的具體作法。在教育部（2005）修正發布的《普通高級中學課程暫行綱要》中，列有與生

命教育相關的心理學四門學派——行為主義、精神分析、人本主義、超個人心理學，事實上這四門學派僅屬於美國心理學界自我標榜的「四大勢力」（車文博，2002）。臺灣的心理學發展長期受美國影響自有其原因，但以哲學為主力的生命教育，用同樣窄化的視野去看待心理學，就值得商榷了。

　　不可諱言的，現今漢語中「心理學」、「哲學」等辭彙，皆擁有深厚的西方文化內涵；在西學東漸的長期影響下，華人已習慣採用西化觀點看待事物。這點雖無可厚非，但終究有所不足。中華民族有數千年歷史，文化土壤絕非一片貧瘠，可資取用的活水源頭更是不可勝數。尤其是與人性、人生、生死相涉的議題，著實需要放在民族文化脈絡中來反思方能有所得。像「人格統整與靈性發展」一科，首先被提出來的主題乃是「探討人性的本質和定義」；而在高中課程綱要中卻明示：「主題……核心能力與一般心理學課程有重複之處，惟……重點為對人性的觀點，尤其是超個人心理學的部分做較深入的探討」。超個人心理學融會東西方智慧是其特色，但過於理想化和傾向神秘主義則為其缺陷（車文博，2003）。這種思想對西方人有其魅力，對於東方的我們則不甚新奇，著實無需捨近求遠。

　　人格統整需要瞭解人性本質，其實可以從中國人性論著手。撰有《中國人性論史》的新儒家哲學家徐復觀指出：「人性論是以人格為中心的探討。人性論……不是以推理為根據，而是以先哲們，在自己生命、生活中，體驗所得的為根據。」（徐復觀，2001：再版序2）中國人性論因而不是認知取向，而屬於情意取向。他同時發現中華民族精神文化的開創，是由原始宗教朝向人文精神發展，再到人性論的建立。他進一步表示：「古代整個文化的開創、人性論的開創，以孔孟老莊為中心……。自此以後，則是由思想的綜合，代替了……由工夫的開創……。」（徐復觀，2001：410）中國古聖先賢做學問講究的是「工夫」而非「方法」，此處反映出東西方學者不同的學問進路：西學

走的是「知識的學問」途徑，中學則步上「生命的學問」大道。

徐復觀對「工夫」的理解，為華人生命教育帶來很大啟發和助益：「人性論的工夫，可以說是人首先對自己生理作用加以批評、澄汰、擺脫；因而向生命的內層迫進，以發現、把握、擴充自己的生命根源、道德根源的，不用手去作的工作。以孔孟老莊為中心的人性論，是經過這一套工夫而建立起來的。」（徐復觀，2001：409）在他的心目中，孔孟老莊以後的中國人性論，工夫的通體深入已經被思想的平面擴張所取代。由此可見，中國人性論的代表人物，即是古典儒道二家的孔孟老莊；也可以進一步推敲，肯定融會儒道二家的修養工夫，才是今日華人生命教育的效法典型。平心而論，生命教育的目的無非是讓人們妥善決定「活在當下，如何安身立命、自我實現」，這正是我所提出的「生死學三問」之一，其他二者為「我從那裡來」以及「我往那裡去」（鈕則誠，2005）。

「生死學三問」在生活實踐中，唯有「活在當下」一椿可以使力；另外兩問只能交給信仰去解答，而不同的信仰則提供不同的答案，令人莫衷一是，倒不如不問。中國人性論一旦回歸古典儒道二家傳統，便可以全然放下有關宗教的議論，專心活在當下。關於這一點，生死學先行者傅偉勳說得很清楚：「儒家倡導世俗世間的人倫道德，道家強調世界一切的自然無為，兩者對於有關……超自然或超越性的宗教問題無甚興趣，頂多存而不論而已。……佛教除外的中國思想文化傳統，並不具有強烈的宗教超越性這個事實，在儒道二家的生死觀有其格外明顯的反映。」（傅偉勳，1993：156）放大來看，一個人的本性無論善惡，終究要與他人相處，不可能我行我素，予取予求。所以「人性本質」問題必須轉向「人生安頓」問題，儒道思想的貢獻正在於此。

第二節　人格統整與靈性發展

　　中國人性論在孔孟老莊的先秦時代，便展開了「人性善惡」的論辯；但是彼此之間往往批評有餘、瞭解不足，不過倒也讓後世之人看見問題的複雜性（韋政通，1977）。有意思的是，執著於探討人性善惡的往往是儒家學者，鮮見道家人物捲入其中。這或許跟儒家注重人倫相處之道，而道家卻著眼於個人自處之道有關。「行善避惡」是倫理的基本規範。西方人的倫理規範講究「異中求同」，即任何人都必須遵守一定原則行事；中國人則希望「同中存異」，針對不同的人際關係設計不同的規範。從現實面看，人既無逃於天地之間，也不太可能離群索居，因此有必要學習如何自處，並安頓好人倫關係。這顯示出我們身處華人社會，理當儒道二家生活實踐不可偏廢。也許有人認爲光憑儒家教訓便足以立身行道，但實踐起來終不免太沉重，還是需要靠道家修養來化解。

　　在西方的學術傳統內，倫理學與心理學構成了教育學的基礎學問。兩百年前的1806年，德國哲學家赫爾巴特（Johann Friedrich Herbart, 1776-1841）創立「普通教育學」，即通過倫理學爲教育學訂定宗旨，採用心理學指引爲學方法（石中英等，2002）。如今當中小學教師的人必須要學習教育學，而教育學的基礎學科，除了有包含倫理學在內的哲學以及心理學外，還納入考察時空脈絡的歷史學與社會學。這說明了從事教育工作的真義，正是在天地之間彰顯人性、開創人生；如此一來，整個教育活動便體現出生命教育的精神。華人生命教育以融會儒道二家的生命學問爲依歸，有意指引每個人在一生中盡量發揚人文精神，並回歸自然境界。當生命教育在臺灣實施時，提出「人格統整與靈性發展」爲理想目標；我認同這項高遠的目標，但是

主張進行本土轉化及在地實踐。

　　從高中生命教育課程綱要的文本中，發現人格統整的重要性，是「使人邁向至善與眞實快樂的人生」；它肯定孔子所說的「從心所欲不逾矩」，認爲這是一種「知行高度合一或人格高度統整的境界」。至於靈性發展所啓動的靈性經驗，「是指對我們的個人的情緒、人格、諾言及對生命不同所賦予以意義等層面的沉思與探索」。它在教育上的作用，可以「協助學生瞭解我是誰、對自我的探索與期待、對生命意義的建構與追尋，及對信仰的盼望等的追尋」。綜上所述，「人格統整」可視爲知行合一的自我修養工夫，而「靈性發展」則指向推己及人的教育實踐。一個生命教育教師必須先自我要求人格統整，方能透過言教與身教去開發學生的靈性。「靈性」指的是人的精神性；當我們認爲古聖先賢精神不朽，進而見賢思齊，便屬於靈性的觸動。

　　臺灣生命教育官方論述認爲，「對於發揮人類高尚情操的行爲，則較適合以人本主義及超個人主義的觀點來解釋」。西方的人本心理學以人爲中心，崇尙自由與尊嚴；超個人心理學以宇宙爲中心，超越人類和人性（王國芳，2003）。人本主義即是人文主義，以人爲中心的倫理學說可以存在主義、關懷倫理學和儒家思想爲代表，三者且有相通之處（方志華，2004）。依我所發展的「中體外用」方法學來考察，用西方的現代及後現代立場，來鞏固強化中國古典價值並無不妥，更可以收到去蕪存菁之效。例如儒家一度淪爲御用哲學，爲統治者既得利益服務，便可用存在主義式的反抗哲學加以消融。至於儒者對女性的偏見，也得以通過關懷倫理學的女性主義觀點批判破解。到頭來儒家取得了兼具現代與後現代精神的新面貌，適足以作爲知識分子立身行道的準繩標竿。

　　超個人心理學以宇宙爲中心，超越了人類和人性，在西方可以指向神性或佛性，在中國則有機會瀟灑地反璞歸眞回返自然。正是在這個超越性的議題上，華人生命教育與主流官方論述走出不同途徑。官

方說法為了均衡各方信仰的需要，處處出現拼湊的痕跡（陳德和，
2006a）；我則打算正本清源，推陳出新，為崇尚自然的古典道家賦
與新義。當代後新儒家哲學學者林安梧（2004）曾提出「自然先於
人，人先於自然科學」之說，一語道破天、人、地「三才」的互動關
係：天地自然創生了人，人則開啟了自然知識的大門。「自然」有其
具體情狀和象徵意涵，人源於大化自然，在對自然世界有了深刻瞭解
後，領悟到自身的有限性，便得以樂天知命、自然而然地活著。此刻
不需要天堂，更無視於輪迴，完全沒有「死後生命」的困擾，這才是
真正的靈性開顯。

第三節　宗教與人生

　　陷溺在「死後生命」的泥淖中無異自尋煩惱，但這正使得宗教信
仰大有用武之地。我當然不願意像無神論者那般排斥宗教，或視之為
迷醉人心的事物，只希望對之存而不論。然而生命教育若略去宗教不
講，也的確不甚恰當。好在華人生命教育的民間論述，原本即有意轉
化與擴充臺灣生命教育的官方論述，因此我打算以「華人宗教學」的
立場去批判西化觀點。「西化」是近百年各地華人社會不能不面對的
事實，它大致上與「外來化」、「現代化」、「全球化」密不可分，而
與其相對的概念則是「本土化」（葉啓政，2001）。然而本土化並非東
方人的專利，西方世界也可以講本土化；但是他們卻完全沒有「東方
化」的問題，充其量只在看見中國「和平崛起」後，開始流行學習漢
語和簡體字。現代化起於十八世紀工業革命，西化乃自此成為大勢所
趨，包括西方的信仰與價值向全球擴散。

　　工業化所創造的船堅炮利，在十九世紀下半葉轟開了中國閉關自
守的大門，從此西方價值觀源源不絕地流入，今日兩岸四地所奉行的

自由主義或社會主義，便是明顯西化例證。在眾多東漸的思潮中，有一項屬於西洋文明最重要的代表，那便是基督宗教。以基督宗教爲首的西方各宗教系統，清楚區分出「神聖」與「世俗」二界。尤有甚者，西方的宗教思想史學者，更主張神聖性無所不在：「在文化最古老的層面上，人類生命本身就是一種宗教行爲，因爲採集食物、性生活以及工作都有著神聖的價值在其中。換言之，作爲或成爲人，就意味著『他是宗教性的』。」（晏可佳等譯，2004：3）時至今日，宗教作爲一種社會化的客觀存在，至少必須具備四種要素：內在的思想和體驗，以及外在的活動和組織（王曉朝，2004）。

在西方文化的傳統內，人們的生活是由神聖逐漸走向世俗，如今受到這種西化觀點影響的中國宗教學者，對宗教得出下列認識：「宗教是一種以神秘世界觀爲背景的基本的人生態度或人生觀，宗教在特定文化類型和傳統中，以超越的精神與其他文化形態相關聯，並以此體現神聖價值與世俗價值的結合。」（趙敦華，1997：168）平心而論，採用西方宗教學觀點分析宗教現象，進而詮釋宗教體驗，確實容易有所得；但是信仰對象是否一定高不可攀，便屬東西方宗教思想紛歧所在了。像高中課程綱要所言：「宗教信念所揭示之神聖境界的超越存在即個人與社會以外的宗教根源」，就反映出西方觀念；而華人的宗教態度則大異其趣：「宗教與社會一直是相互妥協，彼此合利共生，進而『合緣共振』，各取所需。」（鄭志明，1999：67-68）

基於上述分判，可以進一步爲有關宗教議題的生命教育賦與本土意涵。簡單地講，宗教乃是「立宗設派，教化人民」，因此宗教屬於「團體活動」，沒有團體不成宗教；信仰卻體現「個人抉擇」，信不信盡其在我。弔詭的是，宗教不能脫離團體，然而一旦形成團體，走上制度化的道路，便開始步入墮落之途。傅偉勳說得好：「制度化的宗教常以歷史傳統、既成組織（教會、僧伽等等）或既得威權，歪曲原先的真實本然性的宗教真理……。真實的宗教一旦制度化之後，宗教

組織與世俗權益容易混淆不清，導致宗教的僵化與墮落。」（傅偉勳，1993：186-187）他所說「眞實本然性的宗教眞理」，其實指的正是人們自我抉擇後所接受的信仰內容。中華文化原本即缺少濃郁的宗教性格，直到印度佛教傳入後，才開始形成制度化宗教；而道教體制則是爲反抗佛教入侵，對之加以模仿而成。這些就是華人社會的宗教傳統。

華人生命教育在反思「宗教與人生」的議題時，主張指引人們分辨「制度化宗教」和「個人化信仰」；重點在於不要被教團牽著鼻子走，而是要反身而誠，擇善固執，走自己的路。我原本想將宗教與信仰清楚區分，並且把「信仰」的概念加以擴充，除「宗教信仰」外，更納入「民俗信仰」和「人生信念」。但是時下「宗教」已成既定辭彙，則不妨順水推舟善加運用。因此本書願意大力推薦本土宗教學者鄭志明的一系列論述，視之爲「華人宗教學」代表。他提倡「游宗」式的信仰：「『游宗』是中國文化下的特殊信仰模式，顯示多重精神系統的多元並立與相互統合，以『游』的生命感受進行了『宗』的會通，沒有造成宗教間的相互競爭，反而提供了民眾多種不同的選擇機會，來圓滿個人的目標追求與價值定向。」（鄭志明，2005a：6）這才是最健康的宗教與人生之關係。

第四節　後現代儒道家

在推動人性教育取向的生命教育時，我提出「後現代儒道家」的人格典型，作爲華人從事「生命情調的抉擇」之參考。由於本書寫作的最終目的在於推廣殯葬生命教育，而這乃是以生死教育爲依歸。生死教育教人如何了生脫死，包括安身立命與平和善終。爲達成此目標，生死教育必須提出相應的人格典型與理想的人生境界，「後現代

儒道家」與「知識分子生活家」正是我們的標竿；前者在本章介紹，後者則留待下章討論。「後現代儒道家」蘊涵了三個概念：後現代、儒家、道家，其中「後現代」是一個高度西化的概念，本書不打算就其思想進行探討，僅想取其時代精神意涵加以引申；真正想向大家引介的，還是融會儒道二家思想的人格典型及人生實踐。這是一種彰顯中華文化與個人存在雙重主體性的作法，本書將一以貫之。

用最精簡的說法來呈現「後現代」的時代精神，可以濃縮成十六個字：「質疑主流，正視另類；肯定多元，尊重差異。」我引用「後現代」的概念，其實更希望提出一套「後殖民」論述。因為「後現代主義與後殖民主義問題有不可剝離的內在關聯性。……將一種發生在西方內部的邊緣對中心顛覆的後現代主義思潮，引入到世界範圍內的東西方邊緣對中心的挑戰的權力網絡中，從而使西方後工業社會『現代性與後現代性』的文化邏輯之爭，擴散成為全球化語境中『東方主義與西方主義』的政治權力關係之爭……。」（王岳川，2004：16）中國在百年前的處境乃是西方政治—經濟—軍事複合體的次殖民地，如今華人世界仍生活在西方文化帝國主義霸權的陰影下，有待採用後現代與後殖民的文化哲學觀點，以子之矛攻子之盾，藉以彰顯出以中華本土文化為核心價值的後殖民論述。

生命教育屬於指引下一代如何安身立命的情意體驗教育，最終要培養的乃是了生脫死的生死觀。死亡只算生命的終點而已，要緊的是生命、生活與生存。為了樹立適用於個體的人生觀，「由死觀生」不失為較佳進路。華人生命教育標榜「後科學、非宗教、安生死」的特性，前二者為前提，後者係結論；其中「後科學」指向人性本質觀，「非宗教」反映人生價值觀，「安生死」則屬於生活實踐。對此我擺脫「人性善惡」和「死後生命」等抽象意念的羈絆，拈出具體的「後現代儒道家」人格典型，提倡「知識分子生活家」人生境界，並鼓勵華人社會大眾躬行實踐。在所有的生活實踐中，為自己料理後事的態

度，最能看出一個人是否豁達開朗。人生理當如清風明月，盡量避免濃得化不開的拘泥執著。如果人們堅持認為生活實踐是人格特質的呈現，無法轉化提升改善，則任何生命教育皆屬徒然。

「後現代儒道家」的人格典型，可分為「後現代儒者」和「後現代道家」兩方面來看：前者將古代的「君子」轉化為後現代的「公民」，後者則將古代的「真人」轉化為後現代的「存在者」，二者的結合便形成「知識分子生活家」的人生境界。後現代的一大特色，乃是在時序上與現代同步，在內容上對現代去蕪存菁。中國現代化經歷了一百多年的「外來化—西化—全球化」洗禮，原本受盡屈辱，如今正以大國和平崛起的姿態站上國際舞臺，多少代表中華文化可以被重新肯定的時機已經到來。中華文化在根源上可說是儒道並存而會通的，至於外來的佛教則被中華文化消融為中國佛學和佛教。佛學中有許多精華，佛教與道教雜糅後的民俗信仰也貼近華人真性情，但是今天臺灣一些佛教團體頂著神聖光環，做起世俗的殯葬生意，卻又不守法納稅，就算是社會的亂源了。

儒道二家的會通，甚至被美國漢學家所肯定及闡述：「將儒家的君子和道家的真人當做他們的『道』的各自的體現……。我們要提出這樣一種看法：儒家綱要的主要框架也是道家的。……無論是儒家還是道家，他們都致力於培育特殊的人或事物的獨特性和完整性，與此同時，根據這兩家，特殊的人和事物的本質是在與其周圍的條件的協同作用中形成的。……歸根結底只有看到道家和儒家之間各種各樣的和諧的關係，……人們才能最好地認識古典時代中國的道的追求者。」（施忠連譯，1999：175-183）華人的哲學思維傾向於關係的聯繫，而非概念的思辨，這使得古典儒道二家可以在現代及後現代之中，找到西方思想的對話代表，那便是存在主義與女性主義關懷倫理學。存在主義強調人作為無逃於天地之間存在主體，必須慎重作出存在抉擇並努力實踐；關懷倫理學則以彰顯陰性價值的方式，將存在實

踐指向人倫關懷方面。這些都是生命教育值得取法的生命學問。

結　語

殯葬生命教育是「由死觀生」的生命教育典型之一，與此類似的還有通過對臨終關懷或悲傷輔導的反思以進行生命教育。本書有關殯葬生命教育的部分，主要放在第二、三兩篇加以介紹引申，至於第一篇則以「華人生命教育」的闡述爲內容。華人生命教育屬於臺灣生命教育的轉化與擴充，係將後者西化的宗教、倫理及生死三種取向，轉化爲本土化的人性、人生、生死三方取向；其中生死取向的性質相同，但內涵互異。本章在於引介人性教育取向的華人生命教育相關議題，從中國人性論出發，但擺脫對人性善惡的爭議，轉而嘗試型塑適於在本土文化中安身立命的人格典型。華人生命教育主張將「後現代儒道家」的人格典型加以推廣，基於「中體外用」考量，其核心價值包括中國古典儒道二家思想，以及西方現代存在主義與後現代女性主義關懷倫理學。

課後反思

1. 美國心理學界歸納出行為主義、精神分析、人本心理學、超個人心理學四大流派，臺灣生命教育將之全盤引申運用。請嘗試站在本土文化立場，對此一作法加以批判。

2. 本書主張「人格統整」可視為知行合一的自我修養工夫，而「靈性發展」則指向推己及人的教育實踐。對此你是否同意？或者有更佳的詮釋？

3. 大陸哲學學者認為，宗教是一種以神秘世界觀為背景的基本人生態度或人生觀。請問「死後生命」的想法，是否屬於某種「神秘世界觀」？

4. 本書將「一種發生在西方內部的邊緣對中心顛覆的後現代主義思潮，引入到世界範圍內的東西方邊緣對中心的挑戰」，作為寫作的策略運用。請加以反思與評論。

心靈會客室

人性與人格

我的思想啟蒙教育不是誦記「人之初，性本善」的《三字經》，而是有注音符號的中國古典小說改編故事書，以及以古裝人物為角色的漫畫書。小時候陪伴母親去票房練京劇，還經常上劇院看戲，到如今我還記得一些小花臉丑角的臺詞。在我的成長過程中，「中華文化」不是以道貌岸然的老夫子形象出現，而總是在一些稗官野史或者怪力亂神的世界中流露。讀初中時沉迷於集郵，甚至於在高中聯考前夕，還狂熱到大清早去郵局門口排隊買第一次發行的「清明上河圖」郵票。高中以後注意力轉移至當代文學作品，跟兩個志同道合的同學到各大小圖書館和牯嶺街舊書攤去挖寶，印象裡大概遍讀了國民政府遷臺二十年間的長篇小說。然而就在同時，一種西方流行思潮源源不絕地流進我的生命，終於讓我決定投考哲學系而非中文系，那就是存在主義。

老實說，我讀哲學系並非為了標新立異，但的確是嚮往特立獨行。我始終不相信有普遍共通的人性，更希望彰顯自己的人格特質：這使得我一開始對哲學中的倫理學不感興趣，反倒是被屬於科學學科的心理學所吸引。加上我對身上這幅臭皮囊不甚滿意，更為不能自己的胡思亂想所苦惱，就讓我有心對生物醫學和精神醫學的議題多所瞭解，目的只不過想使自己從顛倒夢想中解套。這些原本為了不滿自身現況的知識探問，到頭來竟因為我在其他方面無能為力且一事無成，而順水推舟般地把我導入學術教育的途徑。但是我在大學中教學研究二十餘年，很慚愧地確定自己根本稱不上學者專家，更非稱職勝任的教師，一切只不過是個體人格特質與外界現實環境的互動流轉而已。

　　在東西方哲學史當中，我最心儀的兩位哲人乃是莊子和叔本華，他們立身行道不見得符合大多數人認同的倫理道德人性標準，但卻不失其真性情人格特質，成為千百年來的幾顆明亮孤星。歷史不應只是由帝王聖賢所造就，我們每一個人都可以為生活中的點點滴滴當家作主。用最近流行的話說：「走自己的路！」但是一個人若想走出自己的路，其實並不容易。因為它的真正意涵並非「我行我素」，而是「存在抉擇」；也就是把人生責任一肩扛，讓命運操之在我，不假手他人。後現代社會的特徵之一是多元價值的被肯定，於是許多人開始追求「個性化」。個性化正是自身人格的反映與體現，但不一定成熟。成熟的人格理當作出深思熟慮的特立獨行，不是媚俗地追逐時髦流行，而是學會孤單走自己的路，並且享受獨處之樂。

第三章

人生教育取向

　　人生教育取向的華人生命教育，以中國人生哲學為核心內容。它是由古典儒道二家思想在後現代轉化下，經過融會貫通而成的「後現代儒道家」思想，以及由此反映出來的人格典型。它所落實的乃是「知識分子生活家」人生境界，其內涵具有「儒陽道陰、儒顯道隱、儒表道裡」的特質。本章據此對臺灣生命教育官方論述中，涉及哲學的「道德思考與抉擇」、「性愛與婚姻倫理」、「生命與科技倫理」、「哲學與人生」等四科加以反思與批判。現今的中國人生哲學在「中體外用」方法指引下，非但不致故步自封，反而向著西方思想進行融通。強調存在抉擇的存在主義，與發揚陰性價值的女性主義，為本書所肯定認同。對每一個存在主體而言，樹立自己的人生哲學或人生觀，必須「大破」而後「自立」，盡量避免走上「媚俗」之途不知所終。

引　言

　　從最理想的觀點看，「生命教育」概念至大無外，幾與有形無形的「教育」同義；但在現實環境裡，由於知識的細密分工，以及學者的門戶之見，生命教育很難融進各種既定學科之中。但是我並不以此為憂，進而主張「反身而誠，無向外馳求之誤」，讓生命教育回歸知識的根源學科——哲學之內，以人生哲學的姿態重新出現。由於本書的主題為殯葬生命教育，因此設定高中以上程度成年人為對象，介紹以「中國人生哲學」為內容的華人生命教育，屬於本土中華文化下的臺灣在地論述。這是一種後現代意義下的「局部知識」，我有意在臺灣發聲，向華人社會推廣普及，目的則是落實融會「慎終追遠」和「反璞歸真」核心價值的華人殯葬文化，並促成簡化與淨化的殯葬改革。

第一節　道德思考與抉擇

　　提倡以中國人生哲學為內容的華人生命教育，若從批判臺灣生命教育現有官方論述著手，將之轉化及擴充，可收順水推舟、事半功倍之效。官方論述立意甚高，卻又曲高和寡，究其原因，多少跟哲學有關。作為高中正式課程的生命教育，七科進階課程有四科歸於哲學，其餘三科分屬心理學、宗教學及生死學。在西方學問中，心理學有相當大的應用面向，宗教學與生死學則算跨領域的中游學科。至於作為古老集大成知識代表的哲學，其中關注人生議題的分支——倫理學，原本相當鮮活生動、平易近人，無奈到後世越發變得理論性和抽象

化，終於跟人生脫節，成為學院中的語言遊戲。為了扭轉乾坤，上世紀八〇年代乃有「應用倫理學」應運而生。後現代的應用倫理學發展出屬於自己的理論，而非傳統的理論性倫理學之應用（甯應斌，1997）。

臺灣生命教育中的「性愛與婚姻倫理」及「生命與科技倫理」二科，是典型的應用倫理學課題，對高中生的思想訓練，已有足夠正面助益，其實不必再開授純理課程「道德思考與抉擇」。如果要討論較為抽象的議題，「哲學與人生」一科也足以用人生哲學代替倫理學討論。但事實卻正好相反，「道德思考與抉擇」在此成為核心科目，連師資培育的對應課程「基本倫理學」所占學分都最重。生命教育儼然又走回既有倫理道德教育的舊路，成為令學生甚至教師望而卻步的沉重負擔。平心而論，身為哲學學者，我並不反對生命教育以哲學及倫理學為重心，但我卻不樂見用抽象理論思辨的方式去介紹倫理學。倫理學、心理學、宗教學、生死學等涉及生活實踐的知識，應當貼近人們的常識。從常識出發，用情意體驗去提升人生境界，而非用原則規範的推理論證來框架人心。

「道德思考與抉擇」課程綱要載明：「作為一種價值，道德與其他價值有所不同：……從道德是有關『人之所以為人的規範系統』來論證並肯定道德價值與規範的優位性，當道德與其他價值或規範系統衝突時，應選擇道德或至少不能違背道德。」道德價值在此被充分凸顯，但究竟何謂「道德」，教育學者但昭偉指出：「道德是規範人際關係的一套設計，在道德的規範之下，社會生活得以進行，人類慾望和需求得以滿足。」（但昭偉，2002a：32）他更進一步表示：「在臺灣的中國人所要過的社會生活基本上還是以中國傳統文化做為基調。……中國傳統文化的內容在理念及思想的層次上其實有其強烈的異質性，……但在一般人的社會生活實踐上卻不太為這些在本質相衝突的理念所困，一般的中國人在大架構上還是以儒家為主……。」（但昭

偉，2002a：42－44）

　　但昭偉是對道德教育保持高度關注的教育學者，他發現「在臺灣的中國人」主要追隨儒家價值觀。那麼海峽對岸「在大陸的中國人」又執持何種價值觀呢？大陸上的道德教育有狹義與廣義之分，亦即「小德育」與「大德育」。教育學者黃向陽提到：「我國的『大德育』頗具特色。它雖然越來越『大』，但基本的格局依然是政治教育、思想教育、道德教育三大板塊。『道德教育』是『形成人們一定道德意識與道德行為的教育』，『思想教育』是『形成一定世界觀、人生觀的教育』，『政治教育』是『有目的地形成人們一定的政治觀點、信念和政治信仰的教育』。」（黃向陽，2001：7）綜上所述，要落實「道德思考與抉擇」，在臺灣必須考慮儒家思想，在大陸則要反映「中國特色社會主義」。

　　儒家或社會主義思想是兩岸人民在生活實踐中體現的價值觀，臺灣生命教育對此幾乎無所著墨，反倒是大力提倡義務論倫理觀。義務論、效益論、德性論三者，構成西方傳統的「正義倫理學」，其相對立場乃是後現代的「關懷倫理學」。相較於曲高和寡的義務倫理觀，本書認同平易近人的關懷倫理學，並且肯定存在主義的人生態度。倡議關懷倫理學的美國教育哲學家諾丁（Nel Noddings）發現：「存在主義經常選擇說故事以取代論證作為他們溝通的模式。……他們認為生命並不是在進行一個理性的計劃，……生命的意義是在我們以反省的態度去過生活時所創造出來的。」（曾漢塘、林季薇譯，2000：116）這才是我想推行的生命教育，尤其是「道德思考與抉擇」：指引學生通過「自我察覺」以從事「自我抉擇」，進而完成「自我決定」，決定讓自己成為什麼樣的人。

🌱 第二節　性愛與婚姻倫理

　　「道德思考與抉擇」可以教導人們不要離經叛道，但是自己也不必扳著臉道貌岸然地說教。高中課程綱要說得好：「**授課教師必須把握『態度必須開放，立場不必中立』的原則來授課，並協助學生準此原則來學習。**」我的看法是，在後現代「質疑主流，正視另類；肯定多元，尊重差異」的時代精神下，生命教育不妨鼓勵學生反思「特立獨行」的可能。特立獨行不是我行我素，而是有為有守；換言之，是不媚俗地擇善固執。以本節要介紹的「性愛與婚姻倫理」為例，傳統觀念講究「男大當婚，女大當嫁；不孝有三，無後為大」，使得年輕人認為「結婚生子」才是正確的單一選項。但仔細想想，人生其實還有「只婚不生」、「不婚不生」以及「不婚而生」三種樣態。這些情況在後現代多元社會，都值得認真考慮和討論。

　　作為高中生命教育類選修課程之一的「性愛與婚姻倫理」，屬於應用倫理課題的介紹。它雖然具有「倫理」的道貌，卻也因「應用」而顯得近人，相信會引起高中生的學習動機。事實上有關性愛、婚姻、兩性、性別等方面的議題，都是大專院校通識課程的熱門選修科目。生命教育在高中起步，想要受到學生的矚目與重視，本科大概是最有吸引力和最有希望的一科。人們常說，「愛」與「死」的話題最容易引起大家關注；高中生甚至大專生都很年輕，相信對性愛的好奇大於對生死的關注。只是如果真的照著課程綱要去編書上課，恐怕學生不是呵欠連連便是逃之夭夭了。原因無他，曲高和寡而已。我當然不是主張投學生所好，講些聳動媚俗的話題，但是卻相信應該從年輕人身邊熟悉的經驗談起，用同理心而非教訓的態度去尋求彼此對話的契機。

　　高中課程綱要有這樣的話語：「性愛的積極原則是：願意無私地以全力幫助所愛的人達到無限的善。其消極原則是：性不可以有慾而無愛，利用別人。……婚姻是最能實現性的人性意義的場所……。人具有社會性，要與別人一起，人才能成為人。兩人的生活使彼此相互成全，相互成為對方的一個善。共同學習愛，共同邁向至善。」這是相當理想的說法，其中甚至隱含著沒有婚姻就無法成全自我的傳統觀點。至於那個「善」觀念，更帶有強烈的西方哲學加上宗教意涵，不易為華人所體認。對此我還是認為，提倡生命教育應該正視後現代價值。正如心理學者劉惠琴所言：「後現代思潮……強調生活的複雜性與矛盾性，以至於無法用單一的理論系統觀之。因而，特別強調諸多小系統間的對話關係……。」（劉惠琴，2002：61）這正是本書所彰顯的「肯定多元，尊重差異」後現代精神。

　　前章曾論及我希望彰顯「後現代儒道家」的人格特質，本章將順此理念加以闡述發揮。我的作法是提出一些「主義」，做為生命教育的實踐綱領。在後現代多元價值並立的今天，主義已非獨斷的「信仰」，而是鮮明的「信念」。本書以中華民族本土文化為本位，採取「中體外用論」為方法指引；這並非故步自封，而是標幟主體性。「主體性」概念屬於現代而非後現代價值，在現今經常被引用於政治立場上，本書則扣緊文化根源和個人存在而論。世界上有文化差異乃不爭之事實，中華文化作為全球五分之一人口安身立命之所繫亦非虛構。即使在全球化甚囂塵上的今天，許多非中華文化的價值觀，對華人而言還是不相應。但是我在此還是要引介一些甚具啟發意義的西方觀點，以充分為己所用。

　　「後現代儒道家」的複合概念中，至少包含四種「主義」：歸入西方的現代存在主義和後現代女性主義，以及屬於中國的儒家人文主義及道家自然主義。就「性愛與婚姻倫理」的內涵而言，存在主義彰顯個人主體性、女性主義強調性別意識，對人們的性愛與婚姻關係，

實具有振聾啓聵的效果。理想地看，當事人雙方若是自覺彼此皆爲主
體，並意識到不應有性別宰制，則關係的建立會趨於和諧，否則容易
產生對立衝突。女性主義在此並非女性專利，或許更好稱作「陰性主
義」，用以提倡陰性價值，例如「關懷」便屬之。男性也應該對生命
中的陰性價值加以正視，並適時躬行實踐。至於儒道二家思想融會貫
通後統整成「中國人文自然主義」，可以型塑出「知識分子生活家」
的人生境界，將留到第四節再予討論。

第三節　生命與科技倫理

　　「生命與科技倫理」也和「性愛與婚姻倫理」一樣，是非常實際
的應用倫理課題，且二者尙有相通之處。近年生命與科技倫理最受矚
目的部分，便屬醫學倫理和資訊倫理。舉例來說，青少年經由色情網
路受到性誘惑而發生性關係並懷孕，有人奉子成婚，有人選擇墮胎，
這已然包括上述四種倫理考量。前節提到在「中體外用」觀點指引
下，我發現有些「主義」對推動生命教育甚有助益。那就是以中國的
儒家人文主義和道家自然主義，作爲自己立身行道的根本；以西方的
現代存在主義和後現代陰性主義，作爲個體生活實踐的發用。在思想
內涵中，存在主義與人文主義有其相通之處（周煦良、湯永寬譯，
2005），而陰性的柔弱性質更是道家思維嚮往的境界（朱哲，2000）。
「中體外用論」主張「從人文看科學」、「從人生看宇宙」，生命與科
技倫理當作如是觀。

　　生命教育爲「生命與科技倫理」所賦與的目標是：「培養學生對
科學（特別是生物醫學）研發與應用所涉及之倫理議題有所認識與關
懷，進而培養基本的道德思考與批判能力。」此一目標固然甚好，但
是往深一層看，「倫理議題」及「道德思考」其實有著中西之分，不

可不辨。香港哲學學者余錦波對此有明確的分判,值得充分引述:
「現代人所說的道德,中國舊日稱爲『倫理』。所謂『倫理』,其實代
表了一套中國人獨特的道德觀念。按照這套道德觀念,道德建基於人
倫關係。對應不同的人倫關係,有不同的行爲原理。所謂『倫理』就
是人倫之理──不同的人倫關係有不同的行爲原理。這種著重個別關
係的道德觀念與西方道德哲學中對普遍原則的追求大異其趣。」(余
錦波,1997:3-4)

　　根據上述分判,華人對應用倫理議題進行道德思考與抉擇,必須
將文化差異列入考量。簡單地說,西方文化的倫理思考傾向「異中求
同」,即不同的人在不同的狀況下,採取相同的倫理原則和道德規範
行事;而中華文化的倫理思考則表現爲「同中存異」,即同樣講究依
倫理道德行事,卻又因爲人際親疏關係不同而有著不同的對應方式。
最常見的分類乃是傳統的「五倫」;如今雖已不見「君臣」關係,但
轉化爲「上下」關係依然適用。其他如「父子」關係可擴充爲「親子」
關係,「兄弟」關係不妨納入「同學」關係等,都有很大的發揮空
間。西方倫理學堅守原則、不因人而異的作法,用在華人社會可能會
出現考慮不夠周全的窘境。例如家人的醫療決策,西方人強調當事人
自主決定,華人卻經常歸於共同協商,這其中便蘊涵著東西方文化的
集體主義與個體主義之差異。

　　就西方倫理學的發展看,生命與科技倫理的出現,可視爲二十世
紀最重大的轉捩點。倫理學在西方原本是具有豐富實踐意義的道德規
範,後來這種規範功能被基督宗教信仰取而代之,倫理學遂走向純理
哲學的理性思辨途徑,成爲不食人間煙火的觀念性學問,至上個世紀
更演變成哲學家的語言遊戲。1982年美國哲學家杜明(Stephen
Toulmin)發表了一篇題爲〈醫學如何挽救倫理學的命脈〉的論文,
指出一個必須加以正視的事實:「倫理問題的最終答案一方面來自於
公認的原則和權威性的要求;另一方面來自於可變化的和多種多樣的

願望、情感或者是態度；而沒有任何通過合理的論證來解決爭執的方法被雙邊接受。」（張業清譯，1990：325）意思是說，倫理學有「看重理性分析論證」和「反映情意願望態度」兩大陣營，誰也不服誰，結果陷入對立的僵局。

在杜明眼中，為這種僵局解套的不是哲學而是醫學。因為自1960年代以後，由於醫藥科技的快速進步，把世人帶向一種有可能「求生不得、求死不能」的苟延殘喘地步。病患所面臨的生死抉擇，連自己和醫師都無法有效落實，只好去請教哲學家，竟然因此讓一些坐困象牙塔的哲學家，突然有真正的問題需要解決。美國哲學學者詹納（Richard M. Zaner）曾撰寫《醫院裡的哲學家》以現身說法，很生動地描述了這種情況（譚家瑜譯，2002）。平心而論，倫理思考與道德抉擇有相當大的情意成分在內，不能一概用推理的方式去解決；但是理性並非與情意背道而馳的人心作用，它可以視為情意的收斂工夫。古人講「發乎情，止乎禮」、「禮者，理也」，正是這個道理。人生不能隨興而發、為所欲為，而應學得有為有守、無過與不及。不管是基本倫理還是應用倫理，「有為有守」都可做為人生實踐的起碼道理。

第四節　哲學與人生

本書以人性、人生、生死取向的本土化華人生命教育，來轉化宗教、倫理、生死取向的西化臺灣生命教育；本土化取向的內容分別為中國人性論、中國人生哲學，以及華人生死學。本章引介人生教育取向的華人生命教育，乃先對倫理教育取向的臺灣生命教育進行批判，前三節即針對已列為正式課程的高中倫理生命教育加以考察。我的看法是，西方哲學界已自倫理學當中分化出應用倫理學，後者擁有自己的理論基礎，可以自行運作無礙，傳統倫理學還是留給哲學家去研究

來得恰當。進一步看，由於應用倫理學具有高度實踐性，必須有所著落，從而涉及一定的歷史社會文化脈絡。應用倫理應用於華人社會，理當採用華人觀點，亦即中國人生哲學。本節將從對生命教育「哲學與人生」一科的反思與批判，彰顯出中國人生哲學的真義。

胡適（1996）認為，人生哲學即是倫理學，探討人生在世應該如何行為。高中課程綱要則指出：「人生的定義包括人的生命（生命的意義、價值與理想），人的生活（生活的方式、型態及內容），人的方向（方向的明確及可行）。」人並非孤零零地在生活，而是隨時隨地與他人產生關聯，形成各式各樣的人際關係。西方人是從抽象哲學思辨中，演繹出倫理原則和道德規範；中國人則從真實人際關係中，歸納出不同倫常的相處之道。把倫理學視為人生哲學，至少在華人社會講得通。不過「哲學與人生」關注的範圍並不限於人生哲學，它還可以包括宇宙哲學。「宇宙」與「人生」是哲學的兩大基本問題，一般人多從宇宙看人生，這在新儒家哲學家唐君毅（1975）看來是「最彎曲的路」，唯有倒過來從人生看宇宙，方能「直透本原」。

「從宇宙看人生」不外以科學觀點解決人生問題，但如此一來未免捨本逐末，難怪唐君毅要視為「最彎曲的路」，理由正如前章所引林安梧「自然先於人，人先於自然科學」之說。科學知識乃是人心產物，運用科學必須先有問題意識，也就是必須先反問人生要什麼。像目前的基因科技已經有能力延長人類壽命，英國人乃建議未來將退休年齡延後至八十五歲，但這是否真為社會大眾所想要，則不無疑問。如今世上各種價值觀點，都是現實狀況的反映；倘若現實出現覆天蓋地的大轉變，則價值觀勢必跟著變。換句話說，心隨境轉。難道我們真的難以有所作為嗎？倒也未必。人生哲學相信自覺靈明可以在一念之間擇善固執，進而安身立命。本書倡議一種現世主義的精緻人生觀，相信人生在精不在多：活得認真、踏實、不媚俗，才是真正的「存在」。

　　站在常識立場看，人生哲學不該只是空談人生的哲學分析思辨，而應走向指引人生方向的哲學應用實踐。我的理想是激勵人們效法「後現代儒道家」的人格典型，開創「知識分子生活家」的人生境界，其內涵具有「儒陽道陰、儒顯道隱、儒表道裡」的融通特質。若要一言以蔽之，則不外道家莊子所言「內聖外王之道」，而儒家《大學》則進一步將之引申爲「格致誠正修齊治平」八條目。在這些條目中，「格物」、「致知」指向爲學，「誠意」、「正心」用於做人，而爲學與做人正是「修身」的工夫；當獨善其身的內聖工夫有所齊備，方能漸次步向「齊家」、「治國」、「平天下」的外王理想。這整套工夫修養雖然爲儒家所提倡，但在後現代的今天，將道家理念引入其中並無不可。知識分子的憂患意識有可能濃得化不開，這時候就需要用生活家的閒雲野鶴生命情調以重返清風明月了。

　　古典儒家思想源自「士」的社會階層，它和十八世紀以後西方「知識分子」社會階層，有其類比相似之處，可以對照地看。史學家余英時寫道：「根據西方學術界的一般理解，所謂『知識分子』，除了獻身於專業工作之外，同時還必須深切地關懷著國家、社會、以至世界上一切有關公共利害之事，而且這種關懷又必須是超越於個人（包括個人所屬的小團體）的私利之上的。所以有人指出，『知識分子』事實上具有一種宗教承當的精神。熟悉中國文化史的人不難看出：西方學人所刻劃的『知識分子』的基本性格竟和中國的『士』極爲相似。」（余英時，1999：4-5）由此可見，「知識分子」的特點正是「家事、國事、天下事，事事關心」的「外王」。至於「內聖」的「生活家」，則當有如下的生活體現：「回歸生活世界就是回歸人的生命存在的眞實而具體的、充滿活力的、魅力和溫情的人的世界。」（劉濟良，2004：268）

結　語

　　本書所提倡的「華人生命教育」目的很簡明：安身立命、了生脫死而已。用於殯葬生命教育當然偏重了生脫死的反思與實踐，但是一般人只要懂得未雨綢繆的道理即可，倒也不必成天擔心死亡之事，把人生安頓好其實顯得更爲重要。如今各地華人大多追求中產階級的經濟條件滿足（陳冠任、易揚，2004），我希望對穩定社會有所貢獻的中產階級，能夠在人生境界更上層樓，多少背負一些知識分子的時代責任，如是當可讓華人世界變得更爲安定和美好。人生教育取向的生命教育不願陳義太高而落得曲高和寡，我在此只想說：「行有餘力，則以學文。」各行各業皆不乏學有所專之士，倘若大家願意在經濟安頓好之後，去開創具有人文意義和自然意境的精神生活，則生命的價值將更形彰顯。

課後反思

1. 官方論述認為，道德是有關「人之所以為人的規範系統」，因此道德價值不僅與其他價值有所不同，更具有優位。你對這種說法是否同意？請加以評論。

2. 官方論述強調，性愛的積極原則是：願意無私地全力幫助所愛的人達到無限的善。其消極原則是：性不可以有慾而無愛，利用別人。請對此予以反思和批判。

3. 本書倡議安身立命的儒家人文主義、反璞歸真的道家自然主義，強調存在抉擇的現代存在主義、發揚陰性價值的後現代女性主義。請就此多所闡述。

4. 新儒家哲學家發現，一般人多半「從宇宙看人生」，因而走上一條「最彎曲的路」；必須回頭「從人生看宇宙」，方能「直透本原」。請根據自己的學習經驗，提出個人看法。

心靈會客室

人生哲學從業員

　　有兩則笑話對念哲學的人極盡諷刺之能事。第一則說，有人問：「什麼是哲學？」答案為：「在一間伸手不見五指的黑屋子裡面找尋一隻不存在的黑貓。」進一步問：「誰是哲學家？」答案則為：「在那間黑屋子尋找黑貓，明明什麼都沒有找到，卻在裡面大聲嚷嚷『我找到了！』的那個人。」另一則說，有個窮小子到遊樂場去討生活，在獸籠內扮演猩猩取悅遊客，後來發現走進來一隻老虎，嚇得想奪門而出，對方卻叫他不要聲張，否則兩個人的飯碗都不保。下工後兩人打了照面，才曉得彼此都是念哲學的，沒有一技之長，只好扮演野獸混口飯吃。我念哲學三十三年，目前從事推廣黑貓白貓會抓耗子才是好貓實用思想的「應用哲學」工作。但是不瞞大家說，二十五年前我以哲學碩士身分退伍，找到的第一份工作，的確是在電視臺的兒童節目中，戴著面具、手握寶劍，扮演逗笑的小丑人物——圓桌武士。

　　站上大學講臺從事教職至今二十二年，為了謀生糊口，我教過各式各樣的科目，有四門課會被問到一些典型問題。像上哲學課有人問「會不會算命？」愛情學則是「性與愛哪個在先？」生死學為「有沒有靈魂？」殯葬學則直截了當問我「是不是業者？」我既不會算命也非殯葬業者，倒是對性愛與生死議題長期保持關注。還記得剛開始推動生死取向的生命教育時，即碰上一樁喧騰社會的畸戀殉情事件。我驚於愛情竟有如此大的殺傷力，乃用心提倡女性主義與存在主義，希望年輕人擁有性別意識並從事存在抉擇。近來我逐漸把上述四門課統整在一道，以人生哲學課題視之。人生哲學探究人的一生之種

種，但此「人」並非抽象概念，而是具體的我、你、他；因此上課不應當講大道理，而最好是說小故事。

我在大學教書，是人們心目中的「學者專家」，但我自認不夠格當學者，對被戲稱為「哲學家」更感到非常不自在。我勉強算一個哲學工作者，卻喜歡以「哲學從業員」自況。三十多年來，我始終選擇位居邊緣、甘為另類。人家常說念哲學的人會變怪，我則認為本來就怪的人才會去念哲學。我從來就不曾「正常」過，而且自覺地避免走上「正常人」的道路；因為這麼一來，我就不會成為真正的我了。生命教育在我看來，正是去教導每一個人深思熟慮地學會做自己。這裡面蘊涵著一種「知己」的工夫，我從十五歲便開始尋找自己，大半生涉足哲學，回首卻不過是一些雪泥鴻爪而已。原本不足為外人道也的議論理當藏拙，但是想想還是說了許多，就當是讓別人追尋自我的墊腳石罷！

第四章

生死教育取向

摘要

　　本章介紹生死教育取向的華人生命教育，以創生於臺灣的生死學為代表性學問。生死學自西方死亡學開其端，結合中國生命學，形成一套「由死觀生」的生命學問。它目前表現為「現代生死學」與「後現代華人生死學」兩種途徑，提供世人「各取所需，各自表述」的廣大揮灑空間。本章先對生死學的死亡學根源加以勾勒，再呈現轉化後的華人生死學之面貌。華人生死學以「一體五面向人學模式」奠基，開展出四大專業實務，其中「生死管理」的核心部分即是殯葬管理。殯葬學屬於生死學的專門化及專業化產物，構成生死取向生命教育的重要內容。臺灣生命教育有「生死關懷」一科，對殯葬議題著墨不多，本書正是對此的補充讀物。生死關懷若通過「由死觀生」的立場出發，將會益顯其深度。

引 言

生死取向的生命教育是本書的思想重心，由此開出殯葬生命教育的新興方向。生死教育的內容乃是生死學，生死學和生死教育都是臺灣在地產物，但是發展至今十四年，它卻始終未能跳出西方死亡學及死亡教育的窠臼。西方路數的特色為「就死論死、談死不論生」。他們用科學觀點去探究死亡、臨終與哀慟等議題，累積的知識已經相當深厚，非常值得我們學習參考。但在華人生活世界的中華文化脈絡中，還有豐富的人文資源有待發掘，傅偉勳（1996）視之為「生命學」素材。他主張由中國生命學和西方死亡學共同組成「現代生死學」，本書則進一步提倡「後現代華人生死學」，殯葬生命教育便由此開展。至於臺灣生命教育中的「生死關懷」一科，我也通過華人生死學的建構，為其賦與新義。

第一節 從死亡學到生死學

「死亡學」出現於二十世紀初期，1903年由俄國生物學家梅欣尼可夫（Ilya Ilich Mechnikov, 1845-1916），在法國伴隨「老年學」一併創立。當高齡化已經降臨在華人社會的今天，老年學逐漸蔚為顯學，反倒是死亡學仍方興未艾。大陸學術界受到計劃經濟的影響，始終未將死亡學列為正式科研項目，所以只能算是個別學者的研究興趣，並未組成學科社群。臺灣自1993年由傅偉勳提出「生死學」之說，並將死亡學當作「狹義生死學」加以推廣，後來更形成專門系所和學術社

團，看似情勢一片大好，但其實至今仍未列入官方的知識分類架構中。不過當人類文明走進後現代之際，知識領域不斷在拆解、統整與建構，跨學科的死亡學、生死學、殯葬學等知識，納入生命教育介紹給青年學生及社會大眾，也是水到渠成之事。

　　第一章曾論及，「生命教育」的提法在兩岸四地華人社會皆已得見，但其內容卻各有所指。像大陸把它跟道德教育及思想政治教育連在一道，幾乎不碰死亡議題；臺灣則源於宗教教育和倫理教育，死亡課題原本僅聊備一格，近年始大幅增長。本書主題爲殯葬生命教育，涉及跟死亡最密切相關的活動，自然會格外強調生死教育。我大致上參考傅偉勳的看法，將生死學視爲由生命學和死亡學所組成；其中死亡學歸入西方科學知識，生命學則屬於中國生命學問。由於西方的死亡學與死亡教育息息相關，我有意把生命學和生命教育加以整合；本篇所介紹的華人生命教育，正是以中國人性論、中國人生哲學和華人生死學爲內涵的生命學及生命教育。在本書所遵循的「中體外用」方法指引下，以生命學問爲體、科學知識爲用，相信可以使生死教育在本土文化中順利落實紮根。

　　平心而論，「生」與「死」經常相提並論，但是二者並不能同日而語。依常識看，生是歷程，死爲歷程的終點，著實不應等量齊觀。西方的死亡學圍繞著死亡、臨終、悲傷、哀慟等議題，對焦十分清楚。當它被引進臺灣後，一開始並未引起人們關注，直到傅偉勳提出「生死學」之說後，大家才紛紛談生論死。他出版生死學專書頓時造成轟動暢銷，原本有心順勢將之全面開展建構，卻在三年後因病去世。生死學內容博雜，難以也無需樹立學科典範；從此走上「各取所需，各自表述」的教學研究途徑並非壞事，反而可以在各家爭鳴中，綻放豐盛的花朵和果實。臺灣從事生死學教研工作的人以哲學、心理學、社會學、宗教學的學者爲主，雖然分爲科學與人文兩大陣營，彼此倒也能夠互通有無。十四年來，著書立說的人不在少數。

　　傅偉勳在撰寫其生死學專書時，一開始想到的其實只有死亡學，待寫至中途，始擴充為生死學，從而連原先訂定的書名也予以改變。他在書成後的〈自序〉中表示：「我從美國現有的『死亡學』研究成果，再進一步配合中國心性體認本位的生死智慧，演發一種我所說的『現代生死學』，且根據『生死是一體兩面』的基本看法，把死亡問題擴充為『生死問題』……。這是我所以稍改原先書名……的主要理由。」（傅偉勳，1993，序20-21）對於死亡學，他進一步指出：「死亡學與死亡教育的首要課題，即在絕症患者精神狀態的了解與改善，也同時關涉著他（她）的『死亡的尊嚴』以及死亡的精神超克……。」（傅偉勳，1993：27）他說這話時已得知自己身罹癌症，因此絕非紙上談兵之論，而是切身攸關的生死反思與存在抉擇。

　　把死亡學擴充為生死學，增添的部分乃是「中國心性體認本位的生死智慧」，亦即後來所稱的「生命學」。傅偉勳對此有所闡述：「莊子是心性體認本位的中國生死學的開創者，此一生死學後來由禪宗繼承，並獲更進一步的發展，……觸發了心學一系……的新儒家生死學建立嘗試。……儒道二家的生死觀，基本上硬心腸的哲理性強過於軟心腸的宗教性，……它們……本質上是高度精神性，而不是彼岸性或超越的宗教性。……它們與……宗教相比，顯得曲高和寡，並不容易被一般大眾所接受。」（傅偉勳，1993：173）宗教許諾「死後生命」，確實讓人心有所寄託；而儒道二家的「現世主義」，也多少是硬心腸的反映。但是後者的「置之死地而後生」修養工夫，正是本書擇善固執積極想提倡的健康生死觀。

第二節　華人生死學

　　我並不擔心儒道二家生死觀的曲高和寡有所不妥，因爲那是先人的智慧結晶；今人不識其價值，只能深自檢討，而非捨近求遠。本書一開始即指出，臺灣生命教育走的是大幅西化路線，並且宗教色彩濃厚，要想落實在華人社會，才眞的會面臨曲高和寡的窘境。新儒家學者見此情況不平則鳴，乃大聲疾呼：「**儒家思想……本當爲推動生命教育時，所不可或缺之大中至正和中流砥柱的思想，然而不知是主事者的不察，或是當代儒者的疏忽，它竟然沒有得到該有的重視，今筆者……期待主事者能夠回頭審視，以彌補已然的罅隙，……使現行的生命教育逐日走向恢宏的坦途。**」（陳德和，2006a：23）這話說得苦口婆心，但不一定能爲官方主事者所認同接納。畢竟生命教育涉及相當主觀的人生價值取向，屬於信念系統的確立，主事者多以其自身意識型態爲標竿，實無須寄與厚望。

　　人既無逃於天地之間，理當學會如何頂天立地。我關注生命教育，雖然立足於臺灣，卻放眼所有華人社會。生命教育也像生死學一般，是創生於臺灣的在地論述，在時序上比生死學還晚出現四年。但是它較生死學佔了一個優勢，那便是近年大陸和港澳地區都在大談生命教育，可以借力使力、順水推舟；各取所需，各自表述。我的構想是，第一步將臺灣生命教育轉化擴充爲華人生命教育，以銜接上大陸和港澳的路數，第二步再把我所發展的華人生死學融入其中，以期影響各地華人的生死觀。事實上，後現代華人生死學已由我在2005年編寫出版的空中大學教材《生死學（二版）》當中初步建構。此書第二篇九章全部由我撰寫，將華人生死學分爲基本理念和專業實務兩部分加以介紹。由於該科有近四千人選修，且2008年會再度重開，相信其

影響力將得以持續維繫。

簡單地說，華人生死學採用「生物／心理／社會／倫理／靈性一體五面向人學模式」來看問題，這乃是對死亡學「自然科學—社會科學—人文學」知識觀點的轉化與擴充。認知活動僅為契入生死議題的一種方式，情意體驗也是很重要的進路；我的作法是以認知面的「漸修」工夫，促成情意面的「頓悟」效果。也就是說，用五種面向的知性反思，對不可分割的人之整體進行悟性把握，這便是「一體五面向」的眞義。一旦把握住人的生死意涵，便可以進一步推展彼此關聯的四種相關實務「生死教育—生死輔導—生死關懷—生死管理」，這正是西方死亡學四門專業「死亡教育、悲傷輔導、臨終關懷、殯葬管理」的本土轉化與擴充。至於建構華人生死學的方法學綱領，則是後現代、後殖民的「中體外用論」，依此開展出具有「後科學、非宗教、安生死」的生死論述。

人生在世，「有生必有死，有死即有生」，這個道理至少到如今並未被打破。進一步反思，「假如有來世，那便不是我；倘若那是我，就不算來世」，因此不確定的死後生命或輪迴轉世之說，對現存當下的我也不構成問題。而人一旦活著，至少會有生理、心理、社會和倫理等方面的問題；至於靈性問題，則指向見賢思齊後所追求的精神長存。像一個人從事文藝創作或著書立說，都有可能流芳百世。不過在現實世界短暫的一生裡，能夠服務人群，也算是對社會、國家、民族甚至人類文明有所貢獻了。華人生死學嘗試鑑往知來，即從古聖先賢的智慧中，勾勒出今日你我安身立命之所繫，以及提示了生脫死的基本修養，這正是華人生命教育的理想與信念。生命教育討論死亡的目的是為肯定生命，關注於殯葬議題就等於考察生命終點之種種，一點也沒有害怕和忌諱的必要。

為人生創造意義，可以從服務人群開始；與生死學相關的四門專業實務，都是以服務人群為目的。如今生命教育蔚為顯學，把生死教

育納入生命教育來推動，可收事半功倍之效。生死輔導既是心理輔導的特定運用，也能夠發展成樹立個人生死觀的哲學諮商，它甚至有機會發揮自殺防治的功能。生死關懷狹義地講便是臨終關懷，廣義上則包括從生到死的一連串關懷照顧，這些留待第四節再介紹。至於生死管理除殯葬管理外，尚包含婚姻家庭管理、醫療機構管理，以及宗教事務管理；不過家管和醫管已成爲專門學科，我不擬多談，倒是希望大聲疾呼，強調宗教事務管理的重要與必要。臺灣社會內宗教亂象層出不窮，神棍騙財騙色固然比比皆是，規模浩大的叢林山頭如經營企業般吸金卻無須納稅，甚至與殯葬業者角逐爭利，卻又無法可管，這些怪現象都使得生死管理大有必要。

第三節　從生死學到殯葬學

　　生死學於1993年誕生於臺灣，我自1995年開始在大學講授此課，1997年創辦第一間生死學研究所，1999年推動成立生死學會，2001年在空中大學首度開課，2003年接受政府補助赴大陸講學，2005年爲空大重製教學節目並再度前往大陸授課，十年間無不以推廣生死學爲職志。但是當空大教科書增訂再版、完整的華人生死學論述初步問世後，我開始把注意力轉移至殯葬學，並順利完成臺灣第一部《殯葬學概論》專書；至於眼前的《殯葬生命教育》，則是接續的論著。臺灣關於生死學與殯葬學的學問知識建構，我多少算出了些力，心裡對它們也有一定的評價。概言之，生死學屬於「虛學」，殯葬學則爲「實學」；前者愛怎麼講就怎麼講，後者卻必須扣緊一門行業而發揮。從生死學走到殯葬學，即意味著生死探究在特定領域的落實紮根。

　　生死學探究的範圍其實相當廣泛，舉凡醫療、護理、教育、輔導、社工、宗教，甚至保險、法律等無所不包。但是這些領域都有相

對應的成熟學科，生死學涉足其間僅能居於邊緣位置，幾乎發揮不了什麼影響力。只有完全不具備系統知識的殯葬，讓生死學大有用武之地；從生死學走向殯葬學，可說是最自然不過的事情。尤有甚者，生死學講大道理的時候，大致不脫人生哲學或宗教教誨，落到實際操作層面，又不比其他專業來得精細深入。換句話說，生死學發展至今，始終顯得浮而不實；縱使多年來有不少生死學論文發表，但仔細考察，這些大多是探究生死議題的心理、社會、哲學、宗教等學科的研究成果。依我個人多年經驗反思，生死學今後朝向殯葬方面去發展，或許會有更多創見出現也不一定。

殯葬學跟生死學一樣，是屬於跨領域的交叉學科，同人類三大知識領域——自然科學、社會科學、人文學——都沾得上邊。2005年我為內政部推動的禮儀師證照制度，規劃設計了一套教育訓練課程架構，初步獲得認可後，便依此架構撰寫《殯葬學概論》一書。在其中我將殯葬學分為三方面來建構——殯葬衛生學、殯葬管理學、殯葬文化學，它們分別呈現殯葬活動所涉及的自然、社會、人文三方知識。而由於殯葬的專業實務性質，對這些知識領域的探討也集中在它們的應用面，亦即公共衛生、經營管理及民俗文化等方面的課題。有關殯葬學和殯葬教育較詳細的討論，留待第二、三篇再介紹。本章只針對與生死教育相關議題多所發揮，目的還是在闡述生命教育的理念，從而提倡華人生命教育，向廣大華人社會漸次推動。

「生命教育」的提法在華人世界出現，無疑是臺灣率先倡議。1997年臺灣省開始討論推動生命教育，次年正式在中學實施，但僅推行了一年便因精省而停擺。2000年受到新上任的教育部長青睞，大張旗鼓重新規劃，至2004年完成高中課程綱要，2006年正式全面施行。由於生死學較生命教育早問世四年，且一開始即有「生死教育」的提法，因此當生命教育出現時，曾經很樂觀地希望加以整合。當時甚至有學者認為，「生死教育」涵蓋生與死兩方面，因此建議政府將生命

教育擴充為生死教育來推廣。但事後發現這只是一廂情願的想法，因為生命教育主事者嚮往的都是一些正向價值觀，對死亡教育興趣缺缺，同時主觀認定生死教育就是死亡教育，所以一開始雙方人馬並沒有太多交集。後來更因為生命教育列為官方政策推行，資源相當豐厚，生死教育乃逐漸向生命教育投靠，終至被收編為「生死教育取向的生命教育」。

　　我簡述這段生命教育在臺灣發展過程的用意，主要為呈現推動「殯葬生命教育」的立足點是多麼地邊緣和另類！在一片正向價值的喧騰下，彰顯殯葬議題的生命教育無疑是「知其不可而為之」。但我的真正用心卻在於提倡「由死觀生」的教育進路。生命教育屬於情意教育，需要通過個人體驗來落實，純粹說教式的紙上談兵發揮的功效不會太大。當然目前官方生命教育的體驗活動並不算少，但多半屬於積極正向的內容，充滿了溫情主義式的中產階級意識型態。這點對高中以下學生也許管用，但是高中以上的年輕人已經開始有自己的主見；尤其是大專以上的成年人，主見不少，成見與偏見更多，亟待振聾啟聵式的另類教育。我因此主張推展「置之死地而後生」的震撼教育，從生死學到殯葬學，只是為這種另類的生命教育奠定知識基礎；真正的用意還是想從「由死觀生」走向「生死關懷」，這正是下一節的主題。

第四節　生死關懷

　　本書主要想在臺灣推動殯葬生命教育，但是堅持宏觀的華人生命教育實踐脈絡。為建構華人生命教育論述，我從批判現行臺灣生命教育官方論述著手，對之加以本土轉化與擴充，藉收事半功倍之效。臺灣生命教育的源頭是一所天主教女子中學的宗教教育和倫理教育，雖然幾經發展，但至今主事者仍以天主教學者為主，同時納入一些具佛

教背景的學者，但完全不見爲中華傳統文化發聲的代表。這種大幅西化傾向與宗教色彩濃厚的生命教育，既跟在地現況隔閡脫節，又與整個民族文化距離遙遠；對我而言，唯一值得稱道的是哲學當家、倫理掛帥。哲學是人類最古老的學科，在十七世紀以前幾乎無所不包，至今各種專門知識的學術性學位仍通稱「哲學博士」。哲學關注於宇宙與人生，對生命教育是最佳的基礎學問；尤其以儒道二家思想爲主調的「生命學問」，更應該爲生命教育不可或缺的修養工夫。

事實卻是整個官方論述對於傳統思想僅僅點到爲止，而且多就孔孟儒學予以肯定，卻對非主流的道家思想出現微詞，不免予人重洋輕土、以偏概全之感。尤其是中國哲學以倫理學及人生哲學爲重心，生命教育卻一味強調西方理性思辨和概念分析的「基本倫理學」訓練。這或許爲哲學專門人才的養成所必需，但對生命教育教師和受教學生則顯得曲高和寡。生命教育從哲學出發並不爲過，但它畢竟不全然等於哲學教育；再說學習哲學的方式也有中外不同的契入進路，後現代教育其實可以有多元進路。像本書即提倡存在主義和關懷倫理學的情意教育途徑，而即使肯定正義倫理學的某些部分，我看重的也是德性論而非義務論。人生最可愛的便是關懷照顧之中真情流露，如果把這種情意表達解釋成義務和原則的理性判斷，終究顯得跟我們的生命情調不甚相應。

基於「由死觀生」的寫作進路，本書對官方生命教育七大主題中的「生死關懷」一科特別重視，並寄與厚望。華人生死學將生死關懷列爲四門專業實務之一，「關懷」在英文中兼有「關心」和「照顧」的意義，因此生死關懷可以分爲「表達性關心」與「工具性照顧」兩方面來看。西方世界最強調關懷的專業乃是護理，現代護理學創始人南丁格爾（Florence Nightingale, 1820-1910），秉持著高度的基督宗教關懷情操，建立起一門服務世人的陰性專業。經歷了一個半世紀的發展，我自護理專業中得到重大啓發，進而認爲「表達性關心」可以從

「西方式宗教情操」，轉化爲「中國式人文情懷」；「工具性照顧」也可以從「科學性專業技能」，轉化爲「人文性濟世實踐」；再從「人文關懷」走向「自然流露」。如此一來，生死關懷便成爲自然而然的人倫關愛，也就不必然有專業上的限制了。

　　當我在建構華人生死學時，就已經把臨終關懷擴充爲生死關懷而納入其中。生死學有三問：我從哪裡來？我往哪裡去？活在當下如何安身立命、自我實現？前兩問靠信仰或信念來解決，最後一問則可以通過造福他人的生活實踐加以安頓。造福他人當從獨善其身做起，進而照顧家人、服務社會。這些都算是日常的生死關懷，不一定屬於專業人員的專利。生死關懷的落實需要適當的生死觀來支撐，高中生命教育希望教師能夠：「提醒學生具多元文化尊重的態度來理解各種生死觀，進而選擇適合自己的生死看法，形成積極的生命信念。」我鍥而不舍地推動華人生死學，採用「中體外用」方法指引，正是一種彰顯主體並尊重多元的作法。至於本書所提倡的生死觀，乃是融會「愼終追遠」和「反璞歸眞」的現世主義，以此去面對死亡、料理後事。

　　生死觀反映人死觀，生命信念代表人生觀，二者相輔相成，以實現生死關懷。生死學在臺灣發展十餘年，已經產生不少足資參考的論著（呂應鐘，2001；林綺雲編，2000；陶在樸，1999；曾煥棠，2005；鈕則誠，2003；楊淑智譯，2004；劉作揖，2003；尉遲淦編，2000）。這些著作的特色即是「各取所需，各自表述」。像我寫生死學專書的目的並非著書立說，而是立身行道。生死學作爲生活實踐的生命學問，不必表現得太學究氣。上述著作大致反映出作者的生命情調，由此可見臺灣的生死學論述，充滿著多元發聲的風貌，這無疑好事一椿。從字面上看，「生死學」像是一門學問，「生死關懷」則走向應用實踐；但理想上二者應當視爲一回事。臺灣生命教育把生死關懷看作是「終極關懷與實踐」的一環，我肯定這種宏觀的視野，並將它納入華人生命教育加以推廣。

結　語

　　第一篇〈華人生命教育〉的三章至此告一段落。這三章所探討的主題有其內在理路：人性與人生問題是前提，生死問題為結論。生命教育對一般青年而言，重點應放在人生問題方面；本書為推廣殯葬生命教育，自然會偏重生死問題。我的作法是指引大家「由死觀生」，亦即通過對死亡相關事物的瞭解，回頭重新肯定生命、生活與生存的重要。生命教育對生與死兩方面的課題理當無所偏廢（何福田編，2006；吳秀碧編，2006），「由死觀生」益顯其深度。本章介紹生死教育取向的生命教育，對於在臺灣發展了十餘年的生死學進行反思。生死學由生命學和死亡學統整而成，生命學與中國人生哲學性質相近，可作為華人生命教育的基本內涵。大陸哲學學者鄭曉江（2005）撰有《中國生命學》一書，在這方面走出了一大步，值得繼續關注。

課後反思

1. 西方死亡學以行為社會科學為基礎，圍繞著死亡、臨終、悲傷、哀慟等議題發揮，對焦十分清楚，但在臺灣推廣時並未受到重視，直到以生死學重新包裝後才引起注意。請探討其原因。

2. 人既無逃於天地之間，就該學會如何頂天立地：天地之間代表我們所生存的時空背景和歷史社會文化脈絡，華人生死學對此有所堅持。請加以闡述。

3. 從生死學發展至殯葬學，意味著生死探究在特定領域的落實紮根。但是與生死學相關的並不止殯葬一端，醫療照護、輔導諮商都算得上，為何要特重殯葬？請發表你自己的意見。

4. 本書主張將華人生命教育意義下的生死關懷，分為「中國式人文情懷」和「人文性濟世實踐」兩方面來考察，再從「人文關懷」走向「自然流露」。請問你有何看法？

心靈會客室

臺東去來

最近為了給殯葬業的朋友打氣，也對自我激勵，我去了一趟臺東，在葬儀商業同業公會全國聯合會舉辦的講習會上，進行短短十五分鐘的報告，主題是宣示推動殯葬正規教育再度露出曙光。臺灣的殯葬教育自1999年在大學開辦研習班而起步，七年間除了爭取到設立「生死管理學系」外，其後的努力率皆失利；而此一僅有的相關科系也在改名為「生死學系」後失去準頭，與殯葬及管理擦肩而過，又回到生死學的舊路上。回想過去十年來，「生死學研究所」在我的手上正式成立，「生死管理學」的理念在我的構思中逐漸成型，雖然一開始並未聚焦於殯葬，但多年的教學與研究實踐，多少反映出殯葬議題的探討，實為生死學未來最有希望發展的領域，甚至是唯一希望。其他如醫療保健、心理諮商，甚至生命教育等專業，都不見得把生死學放在眼中，更不用提形成伙伴關係。

生死學是一門叫座不叫好的新興學科，一般社會大眾因為好奇而被吸引，學術界卻認為它無甚新奇之處，任何一門成熟學科想談生論死，都比生死學專精。事實上也的確是如此。每當生死學想深入探究一些課題，便會撈過界走進別人的領域，結果往往講得沒有對方精彩。剩下最後一塊處女地乃是殯葬，因為殯葬至今尚未發展出學術面向，予生死學非常大的發揮空間。我偶然自生死學走向殯葬學，頓覺海闊天空。就像在臺東的好山好水，對我這個搭了四十五分鐘飛機前往的臺北人，立刻覺得耳目一新、親切可愛。闊別二十三年，再度踏上臺灣東南方這座質樸的小城，除了一洗大都會的紛雜塵囂外，最吸引我的還是史前文化博物館的豐富盛景。館內的史前遺跡，記錄

著先人的生死歷程，讓人體會物換星移的道理，並且產生滄海一粟的感受。

　　和我同往的殯葬業朋友對古代葬式和石棺深感興趣，導覽的年輕女孩一聽來者是大學教授及殯葬業者，直呼緊張不已，但是我們告訴她，「聞道有先後，術業有專攻」，她的仔細介紹讓我們增長不少見識。生存在今日的人，很難想像五千年前的老祖先是如何地安頓生活、面對死亡。不過從考古證據中，可以肯定他們必須隨時為求生而奮鬥，不像現在的「卡奴」會為了寅吃卯糧無以為繼，進而鋌而走險或燒炭自殺。現今人類受到知識的洗禮，看見了生命的遠景，學會了生活的自覺，也創造了生存的契機。在度過充實的一生後，由殯葬業者為每個人劃上一道完美的句點，是多麼自然而然的事情！我希望通過生命教育讓世人對此得以瞭解，進而有所期待。雖然殯葬業不斷高唱「總有一天等到你」，但作為消費者的我們，期待的則是「賓至如歸」的服務，但願彼此能夠互利共榮，長長久久。

第二篇

殯葬生命教育

第五章

素質教育取向

摘要

　　本章引介素質教育取向的殯葬生命教育，是受到大陸教育界提倡了二十多年的素質教育所啓發。素質教育在中小學為解決「應試教育」的困局而設，在大專以上則為促進「科學與人文結合」的理想而教。殯葬教育在現階段以大專以上成人為主要對象，可效法大陸推動大學文化素質教育的作法，走向以中華民族本土文化為核心價值的人文教育和道德教育途徑。殯葬生命教育可分為專業教育和通識教育兩部分，前者針對業者，後者指向消費者。殯葬改革必須做到將業者由行業提升為專業，同時將消費者的歧視轉變為正視，才能達到互利共榮的局面。殯葬業乃民生所必需，人們理當放下成見，認真地去瞭解相關事物，方能在料理後事上盡善盡美。為彰顯民族文化素質，本章提出融會儒家「慎終追遠」和道家「反璞歸真」理想的殯葬生命教育理念加以推廣。

🌱 引　言

　　通過第一篇所舖陳的華人生命教育內涵奠基，第二篇將進一步發展運用於華人社會的殯葬生命教育。「殯」指喪禮殯儀，「葬」指入殮安葬；殯葬雖爲人類正常活動，殯葬業亦屬民生必需，但是華人一向諱言死亡，更不願觸碰殯葬事物。爲了避免引起學生家長反對，推廣殯葬生命教育還是自成年人著手爲宜。因此本書所倡議的殯葬生命教育，主要針對大專以上學生，以及社會人士和業者而發。對業者而言，生命教育乃是專業教育的內涵；對大專學生及成人而言，它可視爲充實個人修養的通識教育。然而無論爲專業或通識教育，都只涉及教育的一面；若要考量人的一面，還必須將生命教育深化爲素質教育。相對於專業和通識教育所作的外在課程與教學設計，生命及素質教育更體現出學習者內在條件的提升，本書據此傾向於將生命教育看作是素質教育來加以推廣。

🌱 第一節　華人素質教育

　　「素質教育」一說來自大陸，1985年發布的一份官方文件中，針對教育體制改革，要求中小學教育由「應試教育」全面轉向「素質教育」（周林，1999）。早期的素質教育即是推動中小學教育改革，由考試引導教學逐漸改善爲提高國民素質。十年後，素質教育向上發展至大專層級，其中的「文化素質教育」，性質和意義類似臺灣與香港各大學中實施的通識教育（饒異倫，2001）。但是根據1999年發布的文件〈中共中央國務院關於深化教育改革全面推進素質教育的決定〉所

載：「實施素質教育應當貫穿於幼兒教育、中小學教育、職業教育、成人教育、高等教育等各級各類教育，應當貫穿於學校教育、家庭教育和社會教育等各個方面。……必須把德育、智育、體育、美育等有機地統一在教育活動的各個環節中。」明白顯示出大陸素質教育的範圍，較港臺通識教育大得多，或許唯有臺灣的生命教育差可比擬。

　　臺灣的生命教育同樣由官方主導推動，目前已規劃完成高中正式課程，正在向下延伸至國民中小學和幼兒園；大專以上層級則參考對照高中課程設計，在通識教育課程中自由開授。雖然高中生命教育只反映出宗教教育、倫理教育、生死教育等取向，但是大專課程並不限於此，舉凡健康教育、生涯教育、性別教育、環境教育諸議題皆包括在內，但並不含思想政治教育。相形之下，大陸的素質教育討論政治議題是其特色。素質教育一般包括身體、心理、思想道德、科學知識、審美、勞動、交往等素質層面，這些層面大致涵蓋了身心發展、德智體美勞五育，以及改善人際關係等方向在內（楊寶樹編，2004）。其中思想道德素質的培養，發展出「思想道德修養」必修課，內容則屬於「人生哲理」和「大學生修養」的結合（楊明編，2002）。這類課程在大陸無疑充滿政治意涵，但經過中華文化人文精神的轉化，還是可以成為適用於所有華人的素質教育。

　　光從字面上看，「人生哲理」和「大學生修養」的確很適於開發生命教育。由於我身處於臺灣的華人社會，採用在地觀點探討問題，不能忽視一個人「無逃於天地之間」的時空脈絡和背景。加上我受的是哲學訓練，當然十分肯定生命教育從哲學的核心價值出發。不過過去十年我主要在從事生死學教研工作，基本上是把生死學、生命教育和人生哲學融於一爐。「生死學」之說由哲學學者傅偉勳所創，他曾在宗教系長期任教，不免讓生死學納入許多宗教思想的討論。但宗教思想只是個人信仰或信念的一種選項，在華人社會許多人選擇完全不信教，此時生死學和生命教育理當提供「非宗教」的思考與體驗方

向。一個人可以沒有宗教信仰，但是不能缺乏本土民族文化意識。大
陸的大學文化素質教育強調「中國特色」，雖然這是扣緊社會主義道
路而言，卻多少可以帶給我們一些啓示（王義遒，2003）。

　　我提倡微觀的華人生命教育，並且寄望有人能夠整理出一套宏觀
的華人素質教育進路，將生命教育納入其中。用傳統的話說，生命教
育可使人們「獨善其身」，素質教育指引大家「兼善天下」。問題是家
國天下大事並非人人插得上手，此時做一個有爲有守的公民，乃是最
起碼的自我要求。公民意識爲西方產物，華人對此普遍缺乏。如今兩
岸不是堅持社會主義就是標榜民主自由，而這全是來自西方的價值
觀。拒絕西方既然不可行，就應該挑別人好的學，遵守法治和發揮公
德心便是重要項目。以殯葬活動爲例，兩岸各有一部《殯葬管理條
例》，大陸因爲幾乎全爲公營或公辦民營，所以僅需二十四條主要規
範硬體即可；臺灣大多爲私管，亂得不可開交，只好用七十六條的大
半去規範軟體，理由還是業者不守法和大家沒有公德心。生命教育固
然可以讓人瞭解問題之所在，提升全民素質才是長治久安之計。

　　現任臺北市立教育大學校長的劉源俊，在2001年於東吳大學校長
任內，至天津大學參加「海峽兩岸素質教育與創新人才培養研討
會」，曾發表論文指出「素質教育」的提法值得臺灣借鏡。如果撇開
政治意識不談，轉而注重中華本土民族文化意識，素質教育其實相當
值得在各地華人社會推展。「素質」主要指向人的先天稟賦，雖然後
天的教育培養不出先天的素質，但是素質缺陷可以通過實踐和學習，
獲得不同程度的補償（王立新等，2005）。平心而論，「生命」、「素
質」之類說法，多有先天性及內在性，通過教育對其加以改善，也許
還有一線希望；若完全不列入教育課題，則生命沉淪和素質低落便難
以避免了。素質教育可以視爲廣義的生命教育，二者都需要人們通過
自覺地反思而得以逐步彰顯。人之所以爲人的可貴，便在於這種自覺
性；始終跟著感覺走，就會與「人文化成」的文化理想漸行漸遠，此

絕非你我所樂見。

第二節　具有素質教育意義的生命教育

　　本書旨在推動殯葬生命教育，此乃生死教育明確對焦的一個方面，其他兩方面還包括醫護和諮商。生死學所考察的專業主要有三：臨終關懷、悲傷輔導、殯葬管理，這些在先進國家大多由領有專業證照的人員來執行。反觀臺灣，前二者有醫師、護理師、心理師等專家在執業，其養成教育訓練中已納入生命教育課題，從業人員在社會上也得到應有的尊重；相形之下，殯葬人員所受的待遇直如天壤之別，這正是我亟思推廣殯葬生命教育的原因。殯葬生命教育必須雙管齊下，同時針對業者和消費者而發，亦即分為專業教育與通識教育兩種同步進行。對此我進一步主張，採用素質教育的全方位觀點，去規劃專業性和通識性的生命教育。必須說明的是，這一切都指向成年人而設計，教育的層級則以大專程度為準。待日後時機成熟，再向下紮根至中小學。

　　大專層級的素質教育和生命教育，主要落實在文化素質教育和通識教育中。大陸教育部曾發布一份《關於加強大學生文化素質教育的若干意見》的文件，強調「重點指人文素質教育。……以提高全體大學生的文化品味、審美情趣、人文素養和科學素質」；臺灣的《教育部推動生命教育中程計畫》內，則載明「生命教育在未來十年內之發展為：……於大學通識課程中規劃完整之生命教育學程」。引申而言：「人文素質教育即教人之所以為人之道。……促使學生通過自身的內化和發展，逐步形成一種穩定的內在品質和價值取向，最終使大學生形成高尚的道德情操，高品味的人格修養以及創造性思維能力和多維知識視野。」（李玉華、李景平編，2001：142）這大致上與「人

生教育取向的生命教育」同調，一旦擴充至「生死教育取向的生命教育」，便可自多維視野中，尋得了生脫死的途徑。

源自大陸的素質教育扣緊人生發展而講，卻少論及死亡議題；這種「談生不論死」的傾向，在生命教育也隨處可見。本書基於「生死乃一線兩端、一體兩面」的看法，主張「由死談生」、「知死方知生」，此爲受到西方存在主義啓發的立論。首章曾提及法國存在主義哲學家卡繆的創見，亦即把「自殺」當作人生哲學的第一道問題；畢竟先要確定人生值得一活，接著才有如何活下去的問題。這是一種正本清源、推陳出新的負責任態度，許多人卻視爲多此一舉。倘若把人的素質看成是人的潛能，理想上當然希望不斷朝向自我實現發展，然而現實中卻見自我毀滅比比皆是。人類有能力將其他物種滅絕並不足爲奇，但是有能力製造武器讓自己滅種的也是人類；上個世紀核武威脅的經驗，可以證實此言不虛。針對成人而設計的生命教育不能太過理想化，面對現實、改過遷善才是正途。

要想開創具有素質教育意義的生命教育，該當從何處著眼下手呢？我認爲世人理應瞭解「置之死地而後生」的道理，從而學會如何「出生入死」。這兩句話頭一句源於孫子，後一句出自老子，引申用來鼓勵大家超越逆境進而安身立命。素質教育肯定人人具有正向發展的潛能，並且把它跟本土民族文化銜接；生命教育則指點每一個體努力的方向，並強調必須躬行實踐。在華人社會結合素質教育和生命教育再加以推廣，是要人們「大處著眼，小處著手」，二者無所偏廢。明白地講，是希望所有華人秉持中華文化以安身立命。在以漢民族爲主的中華文化脈絡中，由道家和道教所組成的「道學」是一注清泉。作爲華人生命情調的活水源頭，「以道攝儒」的人生哲學，以及「以道攝佛」的民俗信仰，是相當值得提倡的生命教育眞義。

儒家不言死，佛家講輪迴，皆屬過與不及；相形之下，道家順其自然，道教修身不死，十分合乎生死教育的要求，更可以順勢推行至

殯葬活動中。臺灣的殯葬改革主張環保自然葬，較接近道家的理想。至於道教方面，人雖終不免一死，但生前講究修身養性的工夫，並且將人格崇高的凡人提升至神祇地位，都是很有意義的事情。既然素質教育有意豐富人生哲理和大學生修養，則在呼籲全民保持兼善天下的政治關注外，鼓勵個人實踐獨善其身的修養工夫並無不可。對於下節要討論的殯葬生命教育而言，具有素質教育意義的生命教育內涵，可以「後現代儒道家」哲學與「後現代佛道教」信仰為代表。「後現代」的特色為「質疑主流，正視另類；肯定多元，尊重差異」，它對新世紀華人生命教育及素質教育的啟發乃是「大破而後自立」。本書即堅持此一理想而寫。

第三節　殯葬生命教育

本節正式進入全書引介的主題——殯葬生命教育，此一課題的真義乃是「人死觀」的確立。人死觀看似與人生觀相對，其實卻是人生觀的最後一個段落；確立的目的，一方面固然是盡可能為人生劃上完善的句點，另一方面也可以為整個人生舖陳出豐富的景深。人生的意義反映在生命的有限性當中，綿綿無絕期的性命著實不可思議，但是這一點似乎不為大多數人認真看待。一般人不是追求長生不死，便是嚮往死後生命；前者因至今無人不死終歸枉然，後者則因不合邏輯而流於一廂情願。「死後生命」之說雖然不失浪漫，在現實生活中卻不能當真。死即生命告終，因而無所謂死後生命；縱使可能有死後生命，那也是另外一個生命體的存活，而非現今之我的延伸。若將死後生命解釋成靈魂不滅，則問題更為複雜無謂；倒不如強調亡者精神不朽，可以讓人見賢思齊。

推動殯葬生命教育的用心，在於促進華人社會殯葬改革。大陸實

施社會主義，在簡化殯葬活動中，不免忽略慎終追遠的孝道，有待維繫孝心落實孝行，並且應該回歸禮義而改善禮儀（王夫子，2003）。其他華人社會大多長期走在市場經濟道路上，殯葬商品化以及隨之而來的商業行為，造成奢侈浮華和弊端叢生（鈕則誠，2006）。近年大陸不斷向市場經濟轉軌，除非堅持社會主義的正義理想，否則難保不會步入腐敗之途。人皆有死，且無法自行料理後事，這使得殯葬業成為民生所必需。由於死亡禁忌加上污名化，讓殯葬淪為少數業者獲取暴利的活動；要想推陳出新，只有走向專業化一途。專業化的前提，乃是有系統地推行知識性的教育訓練。先進國家對此大多已達到大專層級，在臺灣目前則有空中專校設立相關類科，正規殯葬教育已經在逐步實現。

不過殯葬改革除了設立相關科系以步上正軌外，對於社會大眾的通識性素質教育也有其必要。此處所需要的乃是人文素質教育，是一種通情達理的生命教育。事實上，針對業者的專業教育，也應該納入生命教育的內涵與精神，方能充分滿足消費者需求。由於殯葬為民生所必需，除了少數人屬於業者外，幾乎所有社會大眾都是潛在消費者；消費者若對業者存有成見和偏見，則改革便難以達成。基於上述考察與反思，我主張殯葬生命教育應分為專業教育和通識教育兩部分實施。前者以業者為對象，認知為主、情意為輔；後者以消費者為對象，情意為主、認知為輔。理由為當前的問題乃是業者欠缺專業知識以改善現狀，消費者則難以擺脫主觀偏見而盲目排斥；倘若能夠針對二者的缺點，而施以素質教育意義的生命教育，或能造成互利共榮的良性發展。

殯葬生命教育可視為生死教育的深化與延伸，但是二者在精神上大異其趣。臺灣推行生死教育的人不在少數，尤其是擁有宗教背景者，更喜積極談生論死。然而生死學一如哲學，屬於空靈的「虛學」，人們大可要怎麼談就怎麼談，到頭來終不免流於「信不信由

你」。問題是宗教信仰的內容其實東西有別、南轅北轍，根本不能混為一談。像臺灣流行稱死亡為「往生」，幾達濫用地步。但此乃佛教用語，背後蘊涵著源自印度的輪迴轉世、因果業報道理，其他宗教系統對此幾乎完全不予認同。一旦冒然混用，只會徒然增加困擾。相形之下，作為一門正在轉型為現代專業的傳統行業，殯葬可謂具體的「實學」，不容外人說長道短，尤其應當避免讓宗教人士介入經營，否則就必須依法行事和納稅。今日的宗教團體已經相當世俗化，卻仍然頂著神聖的光環影響人心，有待另行推動宗教改革以正時弊（江燦騰，1997）。

臺灣官方的生命教育趨於全盤西化並深具宗教色彩是其特色，此外它還帶有相當程度的中產階級價值觀，對中下階層的人就顯得不甚相應（但昭偉，2002b）。不過如今各地華人社會的中產階級正在不斷增長，這或許是全球化之下難以規避的大勢所趨。但即使是走向中產階級社會，至少也應該維繫一定的人文精神，而免於走向澈底工具化、庸俗化。二十世紀以來形成的中產價值觀以科技為主流，人文則被邊緣化（周曉虹編，2005）。對生命教育而言，這是相當不利的局面。因為依常識考察，科學觀點一般偏重事實認定，也就是對真假的分辨；人文觀點則大多作出價值判斷，包括對是非、善惡、對錯、好壞、美醜的選擇。生命教育主要注重人文性的價值判斷，並非科學性思考所能取代。攸關生死的殯葬生命教育，更是強烈涉入主觀感受；一定要把人文關懷放在中心位置，方能有所作為。

第四節　素質教育取向的殯葬生命教育

早於2002年9月，我便曾在四川大學的學術研討會上，發表了一篇名為〈大學文化素質教育的新方向——生死教育〉的論文，把生死

學介紹給大陸上講授文化素質教育課程的大學教師（鈕則誠，2004b）。大陸的文化素質教育相當於臺港兩地的通識教育，最常見的教學模式，便是讓念科學技術的學生選一些人文社會方面的課程，同時也要文科學生去選理科課程，彼此互通有無。結果實施下來卻效果不彰，因為課程沒有妥善規劃，學生更是避重就輕地胡亂選修一通，完全失去「科技與人文對話」的良法美意。事實上，臺灣官方一度有心在大學通識教育內設計生命教育學程，終究不了了之，繼續讓學校各行其是、學生各取所需。如今要開闢殯葬生命教育的新途徑，必須重新建構臺灣生命教育的內涵，並且參考大陸素質教育的優點特長，加以融會貫通，創發運用於華人的素質教育取向殯葬生命教育。

我在最近四年內所撰寫的論著皆標榜「華人」概念，目的是為彰顯自己的論述乃以中華文化為主調。「文化」最簡單的意義係指「一個民族的生活方式」，而在以漢民族為主的中華民族，則一向強調「人文化成」的重要。這大致反映出儒家觀點，其中「人文」與「天文」對照，二者關係並非互斥而是互補。中華文化長期以來皆表現為儒道互補的狀態，即使佛教傳入也被中華文化所吸納；至於佛教中關於死後生命的看法，有待道教思想加以消融。身處二十一世紀的華人，若要推動素質教育及生命教育，大可自由建構其內涵，以滿足在地的需要。如今任何教育活動的推展，都必須考量知識的建構性、社會性、情境性、複雜性與默會性（高文等譯，2003）。這是後現代社會中的後知識學態度，顯示教育內容應當趨於多元，而非定於一尊。

「華人生命教育」和「華人素質教育」二者，可視為與兩岸官方說法平行發展的民間論述。素質教育背後的「中國特色社會主義」，為億萬人民帶來改革開放的契機，經濟效益明顯可見；生命教育的西化路線，卻在無意間呼應了「去中國化」的步調，結果竟變得劃地自限。但是我仍不對生命教育放棄希望，而是嘗試改弦更張，並且以素質教育為借鏡。殯葬業屬於辛勤勞動的服務業，理當受到社會大眾的

正視及肯定。不過寄望他人之餘，也應當反求諸己。專業性的殯葬生命教育，正是提升業者素質的成人教育與社會教育。通過教育手段以提高勞動者的素質，可以帶動更爲全面的經濟及社會發展（袁寶華，2000）。聯合國教科文組織曾對新世紀教育提出一個指導思想，亦即「學會關心」；關心自己、家庭、社會、國家、民族、物種、生態等等（鍾志賢，2004）。殯葬業需要學會關心消費者，始能得到社會大眾的正視。

　　「關心」與「照顧」構成關懷倫理學的核心價值。在西方道德思考中，後現代的關懷倫理，相對於傳統與現代的正義倫理。正義倫理並非不好而是不足，它強調知性思考，卻忽略人之所以爲人的情意面；但知情意都屬於人的素質一部分，理當無所偏廢。臺灣生命教育的前身爲倫理教育，大陸素質教育也在很大程度上向道德教育靠攏（陳曉平，2002）。倘若倫理教育或道德教育走向關懷倫理的途徑，便可以發現中西融通的進路（方志華，2004）。我所提倡的素質教育取向殯葬生命教育，主要就是向業者和消費者推廣一套簡化與淨化的生死觀。這套生死觀以秉持「中國人文自然主義」的「後現代儒道家」思想爲主軸，開發出「後科學、非宗教、安生死」的人生實踐，其性質則爲「儒陽道陰、儒顯道隱、儒表道裡」，人格典型乃是「知識分子生活家」。

　　在知識普及的今天，知識分子只需要是「明辨是非的讀書人」即可，至於生活家的基本要求在於「有容乃大」。我寄望不久的將來，有一部分殯葬業者能夠提升至大專層級，並且發揚非營利組織的公益精神，而這些人便是不折不扣的「知識分子生活家」了。在作爲消費者的一般社會大眾方面，培養出比較豁達的生死觀，將有助於擺脫死亡禁忌，同時改善殯葬活動。大陸生死哲學學者鄭曉江（1999：2002）強調，「人生」要由「人死」來定義才可理解，才有意義，才是現實具體的人生。人死最具體的代表性活動正是殯葬，看一個人對殯葬的

態度，就可以發現他的人死觀。人死如燈滅，本是自然而然的現象。為親人料理後事，最好在儒家「慎終追遠」的理想下，走向道家「反璞歸真」的境界。靈魂不滅並不重要，精神不朽才是生命的真義。生命教育要教的，便是讓人們深刻體認這種不拘形式的生命內涵。

結　語

　　本書為介紹殯葬生命教育，雖然羅列了六種取向，但並非互不相關，而是相互融通的。在生命教育方面，人性取向和人生取向為前提，生死取向屬結論；在殯葬教育方面，專業取向和通識取向是形式，素質教育則為內涵。殯葬生命教育乃是生死教育的深化，對焦於死亡的處理上。像臺灣流行的遺體修復與美容，在家屬希望看見全屍的心理下實無可厚非；但是奢靡的儀節厚葬，就值得商榷了。殯葬活動只須講求慎終追遠和反璞歸真即可，不必為了做給活人看而大肆舖張。臺灣的殯葬改革自2002年7月《殯葬管理條例》公布施行正式展開，推動殯葬生命教育可作為配套措施之一。根據《條例》的規定，殯葬專業人員的職責還包括臨終關懷與悲傷輔導，這已經打破殯葬長期局限於一隅的局面。而倒過來要求其他專業人員以及社會大眾對殯葬多所瞭解，也是一樁理所當然的事情。

課後反思

1. 素質教育一般包含身體、心理、思想道德、科學知識、審美、勞動、交往等素質層面，亦即講究身心和諧與五育並重。請對此加以闡述。

2. 儒家不言死，佛教講輪迴，道家順應自然，道教追求不死，這四種人生觀點及態度，構成中華文化的重要內涵。請分別予以反思和評論。

3. 生死學類似哲學，屬於空靈的「虛學」；殯葬學涉及一門行業，可謂具體的「實學」。殯葬生命教育要能由虛入實，無所偏廢，請問該如何推動？

4. 後現代的教育活動必須考量知識的建構性、社會性、情境性、複雜性與默會性，亦即使教育內容趨於多元，而非定於一尊。請以殯葬生命教育為例說明之。

心靈會客室

素質與氣質

　　年輕時聽說讀書可以變化氣質，但是我讀了大半輩子的書，同時還以教書為業，卻怎麼也看不出自己有什麼出色的氣質。我曾在校園中被人視為送瓦斯的，甚至走進教室授課被誤認是無聊男子，這多少跟我的不拘小節、不修邊幅作風有關。年過半百的我，當老師超過二十三年，老毛病想改也改不了，只好就這麼繼續過著沒有氣質的日子。倒是近年發現教育可以提升素質，讓我有意持續地通過自我教育，以激發生命裡潛藏的素質。在我看來，氣質形之於外，素質深藏於內，二者不可同日而語。只要用心，氣質也能夠培養；然而再怎樣努力，素質卻難以塑造。如此說來，素質教育不是白費工夫嗎？倒也未必，因為素質有許多種，它構成每個人的稟賦和潛能。有人精於這個，有人在行那個，大家各盡所能，社會方能表現出多元化和多樣性。

　　大陸上實施的大學文化素質教育，跟我們的通識教育意思差不多，也是在一大堆各式各樣的選修科目中，湊足一定學分修完了事。在臺灣，念哲學系拿到博士學位的人，如果找不到本行系所的職位，大多就到學院或專科學校去教通識課程，我的教師生涯也是這麼起家的。二十幾年下來，教通識課對我而言早已駕輕就熟，無需多作準備。尤其是「生死學」一科，我已連續講授十一年，其中還包括兩回空中大學隔空教學。我不確定通識課是否能夠讓學生變化氣質，但是相信肯來選這科的人，多少具有關心自己和別人的素質，否則不會浪費時間聽我海闊天空地談生論死。老實說，我會走上生死教育的道路，肯定跟我那過度自覺的心理素質有關。記得從懂事開始，我就對性愛與生死兩件事產生焦慮；中年以後對性愛逐漸看淡，卻益

發關注於生死。

　　生死在我看來乃是一體之兩面、一線之兩端，人活著就必須學會面對死亡，難怪哲學家要形容人生為「朝向死亡的存有」。我從事生死教育最大的收穫，其實是自我教育。講課和寫書讓我不斷去建構自己的生死觀，久之居然發現我在五十歲時的心境轉換，竟是回到十五歲的初衷裡面去。回想當年我初次接觸哲學，就被道家和存在主義思想所吸引，乃下定決心報考哲學系；後來經歷三十多年的知識大旅行，終究又歸返當初的起點，只是心境大不同矣！存在主義教我慎重作出存在抉擇，而我則選擇道家自然無為的生命情調。年過半百之後，我益發堅持走自己的路，這不能不說是個人素質在起作用。我有意用這種人生觀去落實自己的人死觀，亦即反映在殯葬活動上。懂得「慎終」不需要太多氣質，但非常需要豁達的素質，我希望推己及人去發現這樣的素質。

第六章

專業教育取向

摘要

　　殯葬屬於民生必需的行業，社會上人人都是潛在消費者，隨時有可能用得上它。然而因為人心忌諱加上污名化，使得殯葬業的服務品質大多仍不符民眾期望，有待通過專業化加以改善。專業化的關鍵性步驟是推動專業教育，臺灣的殯葬專業教育談了八年才開始正式落實，而這八年間卻也正是生命教育快速起飛的時機。生命教育必然要談生論死，不免觸及殯葬課題。倘若能夠順水推舟，將生命教育的人文精神，內化融入殯葬專業教育中，則不但生命教育得以延伸擴充，連殯葬教育也會變得豐富深刻。本章基於上述反思，乃在課程與教學各方面，嘗試建構一套具有生命教育意涵的殯葬專業教育，亦可視為專業教育取向的殯葬生命教育。目前經政府認可的殯葬專業教育課程架構已大致齊備，接下去就要看是否能夠將生命教育融入相關教學實踐中。

引 言

殯葬生命教育的基本構想，是把殯葬教育當作生命教育的一環來推廣；無論有關殯葬的專業或通識教育，都看成生命教育，只在課程與教學方面加以區分。殯葬專業教育的對象是業者以及有意入行者，通識教育則針對消費者與一般社會大眾而發；二者必須同步進行，使之相輔相成，互利共榮。殯葬是一門長期遭人誤解和污名化的行業，光靠業界一方改善現狀，不免事倍功半。身為推廣生死學十餘年的生命教育工作者，我認為教育論壇有可能成為業者與消費者相互認識瞭解的介面及平臺，因此乃先後撰寫《殯葬學概論》和《殯葬生命教育》二書作為交流媒介。有關殯葬專業教育的理念架構與課程設計可見於前書，本書則屬將殯葬教育融入生命教育的奠基工作，內容包括生命教育的轉化、殯葬生命教育的建構，以及涵蓋三大知識領域的各種課題等。

第一節　殯葬專業化與專業教育

殯葬專業化為殯葬改革的關鍵性措施，涉及了人力資源的素質提升。它的最終目標是進行規範，讓受過正式教育的人才方准入行；目前的作法則為盡量使從業人員回流，接受專業教育或在職訓練。專業化做得最澈底的代表可以算醫療業，七年醫學教育再加上通過國家考試始能執業，幾乎沒有例外。乍看之下，殯葬業與醫療業的情況可說是天壤之別，簡直不可同日而語。但就在醫療業的周邊，有一個跟醫療密切相關的行業，其專業化過程困難重重，實與殯葬業非常類似，

那便是中醫業。在臺灣，中醫到如今仍在舉辦特種考試，讓一些師徒相傳、沒念過專業科系出身的中醫有機會合法執業。這項考試預定於2011年告一段落，其功能近年雖然主要體現為讓赴大陸習醫卻得不到官方承認學歷的人學以致用，但終屬非正式的權宜之計。事實上無論中醫西醫，皆是攸關生死的衛生保健活動，唯有步上專業化途徑，社會大眾的權益方能有效獲得保障。

殯葬業主要在為人們處理遺體、料理後事，看似與「生」無關，但是這卻足以提供喪家充分的心理慰藉。尤有甚者，當業者在推廣銷售生前契約之時，已然打破了生死界線，得以跟未來的服務對象在生前便產生接觸。針對未來的直接消費者以及作為間接消費者的喪家進行服務，可以從事臨終關懷與悲傷輔導，這正是《殯葬管理條例》中所列禮儀師的職能之一。問題是臺灣殯葬專業化的具體表徵——禮儀師證照制度，目前仍停留在紙上談兵地步，再加上正式教育始終未能健全發展，致使其他專業的專家不免要質疑，禮儀師是否有能力執行屬於醫護專業的臨終關懷，以及屬於心理諮商專業的悲傷輔導（侯南隆，2005）。倘若殯葬業一方面有著法規要求，另一方面卻不能學有所專，勢必要走上改弦更張的途徑，否則便會無以為繼。

平心而論，殯葬業者從事臨終關懷，恐怕會碰上阻力；但對家屬進行悲傷輔導，可說理所當然。由於「輔導」、「諮商」等概念來自專業化要求甚高的西方國家，不希望外行人隨意套用，類似情形可見於臺灣嚴格限制「醫療」、「藥品」等辭彙的使用。既然如此，我建議盡量促成殯葬專業教育步上正軌，同時也改採像「哀慟諮詢」之類用語，以區隔不同專業間性質相近的服務性活動。由於「臨終關懷」、「心理諮詢」等屬於大陸用法，在臺灣僅視為較廣義的非專業辭彙，對殯葬專業化正處於青黃不接的現階段，或許可以暫時借用，而減少來自其他專業的阻力。不過我在此也要表示，輔導諮商在華人社會仍未普及，除非是都會中產階級；其他人悲傷之餘，大多不會主

動找上諮商專家。倒是民生所必需的殯葬業者，會接觸到各個階層喪家，適時提供撫慰性質的諮詢服務，也是自然而然之事。

為了讓殯葬業者能夠名正言順地從事悲傷輔導，我主張採用具有特定意義的「殯葬悲傷輔導」或「殯葬哀慟諮詢」之類語彙，以示落實專業要求，並且消弭外界的誤解。然而到如今殯葬仍然未能順利專業化，誤解與排斥在所難免。唯一解套的方法，只能靠產官學攜手同心，努力合作以改善現狀了。殯葬專業化要靠殯葬教育的推動，在臺灣，專業化的權責機關為內政部及勞工委員會，而專業教育則歸教育部管。目前政府對專業化表現得相當積極，但在教育實踐方面卻十分保守，以至於南轅北轍接不上軌，造成政策推動出現困難。不過教育界的保守態度可說始終如故，過去對於中醫和護理專業教育的反應，也跟處理殯葬教育一樣消極。像不願滿足民眾需求而增設中醫系，以及經歷了半個世紀才將護理專業教育水平提升至專科層次等，都是推動專業教育碰上重大瓶頸的例證。

當然落實專業教育的問題非常複雜，我們也不能一味苛責教育主管當局。這中間有一個必須先行確定的疑問，即是某些行業是否配稱專業。中醫專業發展長期停滯，固然跟來自西醫的排斥與打壓有關，但是中醫界本身的故步自封也是原因。師徒相授、食古不化的傳統作法，使得中醫正規教育不彰，想當醫生只須通過考試即可（梁峻，2004）。又例如臺灣長期以來都只有一所中醫系，因其必修所有西醫課程，所以過去可以同時報考中醫與西醫兩種證書；倘若兩種考試皆過關，大部分仍選擇西醫執業。如今規定已改成只能報考中醫師，總算是為專業化保留了餘地。至於護理人員，過去絕大多數屬於高職程度的「護士」，大專以上訓練的「護理師」相對較少；直到2005年才算全面停招高職生，日後所有護理工作者至少都有專科學歷，大致達到專業化的需求。

第二節　專業人員的生命教育

　　臺灣的殯葬業受到民俗信仰所帶來的繁文縟節影響極大，因此相當偏重禮儀活動，連未來的專業職稱都叫做「禮儀師」。民俗信仰的宗教性根源屬道佛雜糅，其中又以道教為主力。中國的道教與算命、卜卦、看相、中醫、堪輿等「五術」關係密切，殯葬專業化在性質上看似可以中醫專業化為參考對象，但是我認為拿護理專業化為範本學習改進將更為有利。中醫和西醫一樣都屬於醫術，雖然知識面的假定大異其趣，但終究是在考察病徵對症下藥；換言之，皆以「病」為對象。相形之下，護理多以「人」為對象進行全人照顧，其出發點則是「關懷」。醫生不是不關心病人，只是他們必須把診療放在首位；而護理的職能設計，原本即是關照病人的。殯葬人員處理遺體，不像診療而似關照，這是一種建立在「視死如生」理想上的關懷之情。

　　「視死如生」是指把亡者當作活著的人一般去費心服務，要達到此目的，不僅要在表面上下功夫，更必須在內心裡多所肯定，這便需要通過生命教育予以潛移默化了。過去由於社會價值對殯葬的貶抑，造成業者的自我形象難以趨於正向，即使獲利再高，卻認為自己只不過是在從事謀生的職業而已。殯葬專業化通過殯葬生命教育，一方面是把行業提升為專業，另一方面更希望業者自覺地將從事職業轉化為經營事業、奉獻志業。換句話說，殯葬生命教育想為從業人員開創一些較為崇高的理想，令其產生成就感和精神上的滿足。我相信喪家的感恩和社會的口碑，會讓業者脫胎換骨；而殯葬專業的核心價值，也應該像護理專業一樣歸於「關懷」。「關懷」是一種陰性價值，與「正義」的陽性價值相輔相成。護理工作以女性為主力，人性關懷較易落實；而護理人員也多少受過處理遺體的訓練，倘若有一部分護士

轉行從事殯葬工作，或許更能有效地影響殯葬業。

　　護理專業化在臺灣經歷了很長的時間，專業人力直到最近才全面提升至大專水平，而教育層級則已高達博士班。一門專業不能只講究專門技能，還必須具有服務人群的理想，也就是應該「道術兼備」。專業要跟行業有所區分；專業必然是一門行業，但並非所有行業皆屬專業。專業可以說是行業的更上層樓，它至少須具備六項條件：一定期限的嚴格教育、教育內容的理論基礎、團體內部的同行認定、從事專業的權威地位、利他主義的服務動機、同儕之間的強烈認同（鈕則誠，2003）。在我看來，其中「利他主義的服務動機」一項，對護理及殯葬而言，可以指向人性關懷之「道」；而「教育內容的理論基礎」一項，則保證所有專業服務都是有學理根據的「術」。如此道術兼備，方能構成受人尊敬的專業。

　　專業人員所受的養成教育中，包括通識教育、專門教育和專業教育三部分。如今各門專業皆與科學技術知識脫不了關係，於是作為專門職業必備的知識即屬專業知識，而其基礎性的科技知識則為專門知識，至於通識教育的內容主要歸於人文學問。目前在各專業科系中，這種教育三分的局面大多各行其是，而且所受待遇也大不相同。以護生的養成教育為例，臨床及實習課為考證照所必需，大家無不全力以赴；基本科學知識為專業能力的基礎，學校也會加以重視；唯獨像倫理學、生死學、人生哲學這類課程，也許會出現在課表上，學生卻是得過且過、掉以輕心。其實專業倫理學應屬專業基礎課程，是不可或缺的人文反思訓練，卻僅在醫護科系聊備一格。對此我建議學者專家根據生命教育的全方位視野，將教育三分的壁壘打破，融科學與人文於一爐。尤其是涉及人性關懷的醫護教育和殯葬教育，更應該發展成為專業性的生命教育。

　　為了推動專業人員的生命教育，我曾撰有《醫護生死學》（2003）、《醫學倫理學》（2004）、《教育哲學》（2004c）三種專書，

分別作爲護理師、醫師及教師的生命教育教材；眼前這本《殯葬生命教育》，則是爲了禮儀師而寫。專業人員的生命教育理當扣緊專業的人文價值去發揮，例如醫生看病的目的是爲患者解除痛苦，護士照顧的目的是爲病人恢復健康，老師教學的目的是激勵學生自我實現，殯葬人員服務的目的則是令亡者精神長存、使家屬化解哀慟。臺灣現行的生命教育主要朝宗教教育、倫理教育、生死教育三大取向而推動，我認爲針對涉及人類生老病死的專業而進行的生命教育，至少必須有系統地傳授生死教育。倫理是人生的課題，宗教多對人死有所許諾，生死教育正是將人生觀與人死觀融會貫通的最佳進路。

第三節　專業教育取向的殯葬生命教育

專業教育取向的殯葬生命教育，主要是向殯葬從業人員推廣生命教育。在理想的狀況下，如果有兩年的專科或四年的大學正規教育，畢業至少須修習八十至一百二十八學分，生命教育大可列爲正式的通識課程或專業基礎課程讓學生選修。然而現實的情形是，除了一所大學開授八十學分推廣教育性質的學程外，其餘極少數班別皆屬二十學分班。二十學分是內政部對禮儀師專業教育訓練的要求下限，所開的都是專業核心科目，很難將生命教育正式課程列入。所幸在官方要求中，有一項爲人文類課程至少須修十學分，亦即占核心專業學分的一半。如此一來，將這些人文類課程轉化爲帶有生命教育性質的課程並非難事。至於其他自然與社會兩類課程，生命教育也可以採取融入式教學，將人文精神貫注其中，以作出對科學知識的人文反思。

往深一層看，「生命教育」指的乃是一類引領學生反身而誠的情意體驗課程，而非單一授課科目；即使要進行分科教學，也會分化成許多科目。目前較爲明確的分科，要屬教育部訂定的普通高級中學

「生命教育類」選修課程。這套課程共分爲八科，包括入門的「生命教育概論」，以及進階的「哲學與人生」、「宗教與人生」、「生死關懷」、「道德思考與抉擇」、「性愛與婚姻倫理」、「生命與科技倫理」、「人格統整與靈性發展」等七科；其中與殯葬專業最直接相關的，當然是「生死關懷」一科。我於2005年爲空中大學修訂生死學教科書，篇幅較四年前的初版增加了一倍，增加的章節列爲第二篇〈華人生死學〉，內容將西方死亡學涉及的四門專業——死亡教育、悲傷輔導、臨終關懷、殯葬管理，轉化擴充爲生死教育、生死輔導、生死關懷、生死管理四大議題，並寄望它們能夠在華人社會中逐漸發展出專業實務（鈕則誠等，2005）。

我對生死學的教學與研究，至2005年中已整整進行了十年，自忖可以告一段落，接續的教研項目便轉向殯葬學的開發及深化。我經常強調生死學是「虛學」，可以「各取所需，各自表述」；殯葬學則是「實學」，必須「扣緊專業，實事求是」。臺灣殯葬事務的最高指導單位係內政部民政司殯葬管理科，我曾爲其規劃殯葬專業核心課程，作爲未來禮儀師授證的基本要求之一。這套課程已經反映在空中大學附設空中專科進修學校「生命事業管理科殯葬管理組」的課程規劃中；該科還同時設有「家庭慶典規劃組」。殯葬專業課程列入「生命事業管理科」、「生活科學系」可謂實至名歸，生命與生活的歷程都是由生到死，將殯葬課題納入其中，的確再自然不過。

空大及空專的性質屬於終身學習的社會教育管道，由此開設殯葬管理專業班次，主要是爲了使業者有機會接受回流教育。而讓業者有意主動進修的重要動機，不外希望擁有由政府所頒授的禮儀師資格。當然空專畢業可以取得副學士學位，但是目前進入殯葬業並不限科系，甚至無需高學歷。光是靠獲得學位，並不足以令業者願意花上兩三年時間求學，紮實的專業教育訓練才符合所需。爲此我替內政部設計了一套專業課程架構，並將之反映在空專生管科殯葬組的核心課程

上。課程依自然、社會、人文三大知識領域，分為衛生、管理及文化三大類，其重點各在於遺體處理、經營管理和禮儀民俗三方面。說實在的，整個殯葬活動正是圍繞著亡者遺體而起，自此發展出繁複的儀節，為的就是慎終追遠；而賴以維生的殯葬業，如今也已壯大得需要進行組織管理了。

殯葬活動所涉及的知識面相當廣泛，勢必要用跨領域的觀點去建構。我所建構的殯葬學包括殯葬衛生學、殯葬管理學、殯葬文化學三部分，在其中一以貫之的則是生命教育的人文精神。殯葬專業教育一如護理專業教育，以人本關懷為核心價值。人本關懷用於殯葬衛生學要求善待遺體、視死如生，用於殯葬管理學強調誠信經營、服務公益，用於殯葬文化學則主張慎終追遠、反璞歸真。近年有越來越多的人購買生前契約，希望能夠未雨綢繆，妥善安排後事。事實上，人們真正想買的，乃是一份「無後顧之憂」的安心感；而大家為了買得安心、用得放心，竟然願意放下死亡禁忌，讓買賣生前契約像買賣保險一樣流行。如今幾乎所有人都瞭解買保險的重要，倘若殯葬產品能夠突破忌諱，為社會大眾所正視和重視，則不啻是殯葬生命教育的一大成功。

第四節　課程與教學

我為空專生管科殯葬組所規劃的專業課程，即是為內政部所設計的專業架構。課程包括基礎類一科——殯葬與生死；衛生類三科——殯葬衛生學、遺體美容與修復、臨終與後續關懷；管理類三科——殯葬管理學、殯葬設施與服務、殯葬政策與法規；文化類四科——殯葬文化學、殯葬歷史與禮俗、殯葬倫理與宗教、殯葬文書與司儀。這十一門課皆為兩學分，學生必修二十二學分，即達到專業課程的基本要

求。由於臺灣的殯葬活動深具人文性質,因此文化類課程所占份量較重,大致上符合官方的認定(鈕則誠,2006)。

衛生、管理、文化三種課題,反映出殯葬活動的三大面向,缺一不可,且應無所偏廢,但華人社會和西方社會的著眼點明顯不同。以殯葬教育相當發達的美國為例,他們對於主要從事遺體處理的衛生類課程十分重視,幾乎占去專業人員養成教育的一半,而管理類課程的份量也超過三成,文化議題則較少涉及(邱麗芬,2002)。相反地,臺灣殯葬教育是以文化類課程為主,對管理也保持一定的重視,卻相對忽略遺體部分,有關的只限於美容及修復,連防腐課都付之闕如(陳姿吟,2002)。這種東西方差異考其原因,或與宗教信仰有關。西方世界以基督宗教為主流,人死後靈魂回到上主身邊,身體入土以待復活,道理簡淺明確,省去許多繁文縟節。而我們則大多數人沒有信仰,卻又受到鬼神崇拜影響,認為人死為鬼,人鬼殊途,陰陽兩隔,必須用盡一切辦法引鬼歸陰,於是祭出一大堆禮儀,而這些都屬於文化課題(鄭志明,2005b)。

中華文化源遠流長,歷久彌新,華人殯葬活動與文化廣泛聯繫在一起,實深具特色,無須走上西式道路,但是可以學習西方人在禮儀方面一切從簡。不過禮儀文化的簡化,與其訴諸宗教性的改革,倒不如提倡一種回歸自然的人生哲學,那便是道家思想。道家思想與道教信仰如今已被納入一個更廣博深邃的「道學」脈絡裡,進行有系統地探究(胡孚琛、呂錫琛,2004)。站在中華文化的立場看,道教長期以來與外來的印度佛教抗爭,一方面影響及佛教中國化,一方面也開創出道佛雜糅的民俗信仰,對華人的安身立命工夫,造成一定程度的潛移默化效果(卿希泰,唐大潮,2006)。臺灣殯葬活動約有七成涉及道教及民俗信仰的繁瑣科儀,倘若能通過道學正本清源,回歸原始道家講究純樸的真義,對目前的複雜儀節加以簡化,進而推陳出新,未嘗不是美事一樁。

　　華人殯葬活動的簡化與淨化，固然要靠政府推動改革的魄力與決心，但是發自民間的移風易俗工作也很重要，其中改變人心的生命教育更是迫不急待。生命教育的精神融入殯葬專業教育自不待言，透過通識教育管道向大學生和社會大眾介紹殯葬相關知識尤其有意義。通識教育取向的殯葬生命教育是下章的主題，本章仍以專業教育的討論為主。大陸的殯葬專業教育早在1995年即已正式展開，當年民政部直屬的「長沙民政學校」設立了高職層級的「殯儀技術與管理」專業；1999年學校升格為「長沙民政職業技術學院」，殯葬教育也水漲船高地提升為大專層級的「殯儀系」。相形之下，臺灣的腳步則慢了許多；時至2007年的今日，空中大學附設的空中專科進修學校，才開始為創立正式殯葬教學單位努力奮鬥中。

　　雖然最近有業者打著「百萬年薪不是夢」的響亮口號，吸引大學和專科畢業生投入殯葬業，而年輕一代也的確較老一輩有能力擺脫文化上的禁忌，自主地選擇步入此行業。不過眼前殯葬教育還是應該以從業人員的回流教育為主，待教學品質趨於穩定後，再培訓大專程度的殯葬新鮮人尚不嫌遲。倒是生命教育自1998年在臺灣正式起步，九年間已經雨後春筍般地發展出六間相關碩士班，其中三所更以「生死」為名。倘若這些高學歷的人才，願意投身殯葬教育工作，將生命教育的人文精神融入其中，或許能夠加快殯葬改革的腳步（李慧萍，2005）。此外針對生死相關專業學科列入殯葬課題，例如我為空大「臨終關懷與實務」一科用書所寫的專章（胡文郁等，2005），以及在人類發展學的教材中介紹死亡議題（陳娟娟等，2005），都可視為推廣生命教育的努力。

結 語

　　生命教育屬於全民素質教育的一環，可分為專業教育和通識教育兩種不同的形式和管道來落實。前章把生命教育和素質教育的可能關聯加以舖陳，進而建構素質教育取向的生命教育，以融會兩岸人文教育之精華。生命教育是臺灣官方的政策，具有西化傾向和宗教色彩；素質教育是大陸官方的政策，背負有培育社會主義接班人的任務。作為民間學者，我認為二者皆不失人文精神，且各有所長，乃嘗試將之結合並予推廣。由於個人近年學問志業已由生死學走向殯葬學，便發心開展殯葬生命教育。本章屬於針對殯業專業人員推動生命教育的構思，由於臺灣殯葬教育的課程設計偏重文化類科，無形中提供了人文精神較大發揮空間。我心目中的人文精神，係與自然精神互補而非互斥；人性關懷的自然流露，正是殯葬教育的活水源頭。

課後反思

1. 殯葬法規中明定，殯葬專業人員得以執行臨終關懷與悲傷輔導相關業務，卻引來輔導諮商專業人員的質疑，但醫護人員也有可能涉及類似活動。請對這些現象加以評論。

2. 殯葬專業人員的生命教育有一項起碼的要求，那便是看待亡者如同活人一般的「視死如生」，這屬於人性關懷的體現。請對此多所闡述。

3. 本書認為生死學是「虛學」，可以「各取所需，各自表述」；殯葬學則是「實學」，必須「扣緊專業，實事求是」。你是否同意？請提出自己的看法。

4. 殯葬作為一門擁有豐富實務活動的新興學問，基本上涉及衛生、管理、文化三大方面，東西方社會且各有所偏。請問如何將生命教育的人文精神，分別融入上述三者之中？

心靈會客室

專業精神

　　我這個人好吃懶做，自律工夫甚差，多年前因貪杯而得到痛風，卻未能有效忌口。前一陣感覺血壓不斷上升，但碰到年關將屆，魚肉水酒在所難免，心裡終不免嘀咕，開春之後第一個上班日，立刻到大醫院掛病號。主治醫師係這所醫院的退休院長，也曾經在我一度去兼課的醫學院擔任醫學系主任，是一位受人尊敬的名醫。有著些許因緣，很自然地同這位前輩聊了起來，當他聽說我講授過醫學倫理及護理倫理相關課程，微笑地點了一下頭，但不知是表示肯定還是不以為然。面對資深的專業人士，我對自己過去撈過界談論人家的專業倫理；多少有些心虛。但事後一想，大學教師再怎麼說也算得上另一種專業人士；加上身為病患，亦即醫療活動的消費者，關注並討論其中的倫理問題，大概也無可厚非罷！

　　兩天後我應邀赴臺中一所大學推廣中心去洽談開課事宜，對方有意開設寵物美容課程，找來寵物美容協會理事長交流溝通，並請我去發表意見。大伙兒交談了兩三個小時，讓我瞭解到這也是一門專業，臺灣直到近年才大幅起步，足足落後鄰國日本四分之一世紀。由於該推廣中心興辦殯葬教育已有六年歷史，卻苦於政府遲遲未能落實專業認證，以致生源不斷衰退流失，只好尋求其他的專業培訓途徑。幾經交談，我們赫然發現殯葬服務跟寵物美容的專業處境可謂天壤之別。原來政府早在十年前便已將寵物美容列為考授技術士證的一項職類，雖然一直沒有舉辦考試，但是民間團體自行考試授證早已行之有年。而殯葬服務追求專業化多年仍一事無成，連民間自行辦理的認證也得不到大眾支持。席間有人以美容帶來歡悅，殯葬卻屬凶禮解釋之；但我對殯葬人人用得到卻又加以排斥的矛盾現象，

還是難以理解。

　　「專業」原指專門職業，理當不分貴賤，但是社會上大多數人卻不作此想，甚至連學術界當中都有差別心。記得十五年前我剛涉足研究護理學哲學，在文獻中發現不少討論護理是否稱得上是一門專業的文章，大多結論它只算是「半專業」，原來全世界一半護理人員的教育水平都在高職上下。後來又見有人指出中小學教師也屬半專業，而大專以上教師才算專業人士。這事頗有商榷餘地，因為中小學教師都得修習教育學分並通過實習方能正式任教，大專以上教師卻只需取得碩士以上學位便能榮登講壇；到底誰更配稱專業，的確很難講。不過話說回來，煮牛肉麵需要中餐烹調技術士證，寵物美容已做到國際認證，殯葬服務和作育英才同樣表現出術業有專攻，專業精神誰也不少，又怎麼能憑出身論高下呢？

第七章

通識教育取向

摘要

　　殯葬生命教育以提升全民素質為理想，分為專業取向和通識取向各自落實，本章即討論通識取向的理念與實踐。臺灣的大學通識教育自1984年起實施，其理念取法於七〇年代美國哈佛大學「核心課程」的改革創新，希望學生的科學與人文知識無所偏廢。由於通識教育施行多年已淪為「營養學分」，我乃建議將之銜接上1998年起推動的生命教育，以形成通識化的生命教育學程。生命教育的重點之一為生死教育，殯葬教育即屬生死教育的一環。本書基於「以死觀生」的認知與情意學習，積極提倡殯葬生命教育，目的是希望人們正視與重視這種涉及生命終點的活動。一如前面數章，本章強調「後科學、非宗教、安生死」的華人生死學暨生命教育進路，由生死學通識課程出發，希望最終能夠讓殯葬學順利登上高等教育殿堂。

引　言

通識取向的殯葬生命教育，係針對大專學生及社會大眾所進行的特定主題通識教育。殯葬既屬個人生命禮儀，又是民生必需行業，加上為家人養生送死是每個人的責任；換言之，人人在一生中都有機會面對它。但在現實生活中，大家對殯葬活動似乎避之唯恐不及。究其原因，相信多少跟死亡禁忌有關。在一般人眼中，死亡難免被看成是對人生各種事物的全盤否定，意味我們將因為死亡而失去一切。正因為如此，宗教或民俗信仰所許諾的「死後生命」才會不斷為人們所關注。本書對此表示「同情地瞭解」，但是更希望提倡一種鼓勵世人「活在當下」、「視死如歸」的人生哲學。我嘗試經由通識教育管道，由殯葬相關議題出發，採取「由死觀生」的途徑，漸次推廣「活得實在，死得坦然」的華人生死學暨生命教育。

第一節　大學生的通識教育

「通識教育」自1984年起在臺灣各大學開始實施，其緣由如下：「由於近代科技發達，學術精進，大學設科分系，日益分化，導致所造就出來的人才過於偏狹，而有『一曲之士』的傾向，對本身領域以外的知識殊為不足，缺乏共識，彼此溝通困難，難於培育社會所需的各類領導人才……。為矯正時弊，一群有識之士及文化教育工作者，遂振臂高呼，倡導人文主義的精神價值，提倡通識教育，期以培養大專學生的整合能力，拓寬其作為現代人應具備的視野，為未來世界的

需要，造就各類人才。」（教育部，1986：1）簡單地說，通識教育的目的是希望大學生在成為專家之前，先擁有一些開闊的視野，以及通情達理的能力；以免一旦踏入社會，不要說無法領導群倫，可能連安身立命的工夫都不具備。至於「倡導人文主義的精神價值」，則跟長期以來「科技與人文分離的結果」有關。

通識教育的構想完全移植自美國，報告指出：「教育部通識教育研究小組，在研擬大學通識教育學科範疇時，係參考美國『哈佛大學核心課程』的模式設計而成……。為確立哈佛大學教育的一般水準，哈佛大學的教授團在一九七○年提出核心課程的計畫書。所討論的問題是：以學校及學校教授的立場而言，究竟『受過教育的人』是什麼意思？他應具有有什麼特質？而學校必修課程應如何來培養這些特質？」（教育部，1986：3）文中更強調：「大學教育的目的，不僅在培養有能力的工作者、生產者，而且在培養懂得生活，了解生活之知識份子。」基於此一理想與信念，政府推動通識教育，希望大學生對下列學術範疇面面俱顧：文學與藝術、歷史與文化、社會與哲學、數學與邏輯、物理科學、生命科學、應用科學與技術。

漢譯「通識教育」一辭來自曾任香港中文大學校長的社會學者金耀基，他發現：「哈佛所謂的『核心課程』實際的意義是在大學的教師中取得了一個大家同意的廣泛的綱領。……大多數的教授都相信，大學生在專門的興趣（主修科）之外，應該取得或熟悉某些其他知識與技術，也即應該修讀一些非學系性的課程，這個理由就是『通識教育』的基本立足點，也是哈佛認定一個現代『知識人』所應有的訓練與修養……。」（金耀基，1983：55）美國各大學一般作法是大一、大二不分系，只規定一些修課的大方向，讓學生以「通識」為名，盡情盡興廣泛選修；待大三後依個人興趣選定一門學科做為自己的主修學系，完成課業要求即可取得由該系畢業的資格。目前在臺灣已出現大一、大二選院不選系的革新作法，但絕大多數學生仍是一入學即分

系，然後再用通識課程來彌補過早專門化的偏失。

臺灣的大學通識教育效法美國而推動，自1984年實施至今已有二十三年歷史，但仍有一些問題亟待克服：「國內學者提倡通識教育時經常以美國大學為藍本，殊不知美國大學通識教育雖然饒富特色，然有其文化、時空的特殊性，他國遽難仿效。……臺灣的通識教育問題嚴重，但關心的人不多，迴響也不大。主要原因是臺灣的大學歷來皆以專業教育為主，共同必修一直都是課程的邊陲，其良窳自然不被注意。反觀美國，他們通識課程比重甚高，大學階段仍以通識為主，專業訓練主要是學士後的事，通識教育的成敗自然為輿論所關注。」（鄧志松，2000：143；160）如果取其廣義，通識教育指的是所有共同必選修課程，約占畢業學分四分之一，份量不可謂不重，卻因為沒有實用價值，而淪為得過且過的「營養學分」，殊為可惜。

不過對於通識教育的未來，還是有人擇善固執並寄與厚望：「臺灣是一個高度資本主義的社會，大量的技職院校完全為配合經濟發展而存在。……要使教育與社會、政治、經濟領域進行健康的互動，高等教育必須回歸教育本質性的目的。通識教育在這種回歸運動中，扮演極為重要的角色。……我們仍必須致力於通識教育理念的提倡，以便形成通識教育改革的共識，使技職院校中一方面既能夠經由專業教育而完成技職教育的目標，但是另一方面，又不從教育的本質目的中自我迷失、自我異化。」（黃俊傑，2002：96-97）如何讓通識教育的理想在高等教育殿堂中不致湮滅？我認為將通識教育與生命教育融會貫通，形成通識化的生命教育，並且發展成為一系列的次學程或副學程，提供大學生套裝的「生命學問」，或許是可行途徑。

第二節　通識教育與生命教育

　　教育部實施通識教育的初衷，是爲平衡科技與人文知識的學習。而國科會也曾強調「科技與人文對話」的重要，並重點推動基因倫理研究與編撰大學通識課程教材的專案計畫。在這種彌補知識割裂弊病的努力下，大學層次推動生命教育的積極作法，正是鼓勵生命倫理研究和開授通識生命教育學程。2001年頒布的《教育部推動生命教育中程計畫》列有「十年展望」：「生命教育在未來十年的發展爲：……於大學通識課程中規劃完整之生命教育學程。……推動設置生命倫理研究中心，俾能對現代科技引致的倫理爭議，提出較具有生命教育精神之解答。」（教育部，2001：5）這些遠見可視爲通識教育與生命教育尋求有效聯繫的重要指引，尤其是「於大學通識課程中規劃完整之生命教育學程」，更是改革通識教育弊病的新方向。

　　念過大學的人都知道，通識教育早已淪爲安度四年的營養課程，尤其是開放選修的八個學分，更是樂得避重就輕、皆大歡喜，但是這麼一來就有失通識教育的良法美意了。因此我本著《中程計畫》所指示「各級學校應……建立以生命教育爲教育核心之共識」的精神，建議各大專院校可朝規劃生命教育學程的方向，去改善及充實通識教育的課程與教學。「學程」是一個彈性極大的概念，它可以形成爲跨領域、跨學科的系級委員會，也可以只屬於一組套餐式的修習科目；前者甚至能夠達到頒授學位的規模，後者則至少會做到提供修課的成績證明。雖然目前在臺灣已出現數個生命教育相關的碩士班，然而我最多只寄望在大學層級讓學生有系統地修習十二學分左右的套課。這套課程設計也許可以參照高中選修課程的完整架構，那畢竟是學者專家集思廣益的心血結晶。

　　高中「生命教育類」選修課程共有八科：生命教育概論、哲學與人生、宗教與人生、生死關懷、道德思考與抉擇、性愛與婚姻倫理、生命與科技倫理、人格統整與靈性發展。依此看來，大學層級可以免修概論課，直接進入不同課題的學習；若將基本倫理學融入應用倫理學講授，則還有六科十二學分的揮灑空間。這六科涉及哲學與心理學兩門上游學科，以及宗教學和生死學兩門中游學科，重點是提升大學生的「人文素養」。前面曾提到，大學開授通識課程乃是模仿美式教育的產物；事實上，美國的通識教育改革創新，還可以回溯到英國化學家暨作家史諾（Charles Percy Snow, 1905-1980）對「兩種文化」的深刻反思（林志成、劉藍玉譯，2000）。「兩種文化」指的就是科學與人文的爭議和對立，因為彼此不瞭解之故。

　　「兩種文化」的提法出現在1950年代後期，二十年後帶動了美國通識教育的轉型，不久即為臺灣所效法。對照於前述哈佛大學「核心課程」可以得見，理想的通識教育是科學與人文相輔相成、無所偏廢的。要實現此點，必須澈底施行大一、大二不分院系，完全在從事「全人教育」的紮根工作。全人教育不只講究科學與人文知識的兼顧，更要求認知與情意心靈的交流，這正與我一向主張將理念知識和生命學問融會貫通的理想相呼應。本書早在第五章即提出，用「素質教育」來擴充「通識教育」。因為通識教育還停留在知識學習的層面，素質教育則走向生命體驗從而變化氣質的境地。素質教育涉及「大處著眼」的方向貞定，專業和通識教育則屬「小處著手」的教學實踐；前者反映「把事情做對」，後者落實「把事情做好」。

　　臺灣的大學通識教育相當於大陸的文化素質教育，不過通識教育取法西方，素質教育卻源生本土。基於「中體外用」的方法指引，我在建構殯葬生命教育時，便從素質教育的理念出發，分別推展專業和通識取向的生命教育。西方通識教育原本是想在大學中培養「受過教育的人」，但是如今已走到終身學習的時代，通識教育不必局限在大

學校園內進行，整個社會都可以做為教學園地；方式也不一定要在教室授課，任何型態的體驗活動，皆有助於生命學問的領會。總之，我在此想指出，通識教育不只屬於學校教育，更應納入社會教育，讓社會大眾都有機會成為「受過教育的人」。西方所講「受過教育的人」，意指「有教養的人」，這也是生命教育所追求的理想人格。生命教育可以在這個基礎上，跟通識教育攜手合作，共同提升整個民族的素質。

第三節　通識教育取向的殯葬生命教育

　　殯葬教育可視為生命教育的一環，而生死教育則是生命教育的重要取向，本書因此將殯葬教育納入生命教育加以推動，並轉化為殯葬生命教育漸次落實。從教育的理想看，所有的殯葬教育訓練，都應該體現為生命教育。也就是說，殯葬教育不應該只是專業技能的傳授，更需要把人道服務的精神融入其中。專業人道化的理念不只用於殯葬服務，更可及於醫療護理、輔導諮商及學校教育；依其廣義，這些都屬於「助人專業」，不能光以營利為目的。但是一落到現實層面，便會發現殯葬業的問題相當嚴重。比起教育、輔導、醫護等專業，殯葬既未提升為專業，更予人唯利是圖的印象。加上與死亡糾纏在一道，形象幾乎完全是負面的；這對業者和消費者兩方，都是雙輸的局面。我提倡殯葬生命教育，強調專業教育與通識教育無所偏廢，正是為改善此一困境所作的努力。

　　專業取向的殯葬教育針對業者而發，通識取向則以消費者為對象，二者皆係提升全民素質的努力。目前專業殯葬教育以滿足禮儀師二十學分的教育訓練課程為核心部分，同時更發展成為八十學分的二專正式學程，實施起來較有系統。相形之下，通識殯葬教育的發揮空間就顯得十分局限，且難以形成系統，最多只能通過兩學分一門課的

形式聊備一格;甚至連一門以「殯葬學」爲名的課程都不容推動,僅得列入「生死學」當中順道引介。但我並不氣餒,而是嘗試以此爲基礎,建構一套比較完整的殯葬與生死論述,不但能夠在大專校園推廣,更得以納入社會教育管道加以普及。社會教育可以經由專題演講、社區大學、空中大學等方式持續實施,相關的課程與教學會在下節內討論,現在仍以介紹通識理念爲主。

大學通識教育的施行,是爲彌補專門教育所帶來的視野偏狹弊病而設;表示一個大學生不能只爲日後就業需要去學習一技之長,他還必須爲成爲知識分子學習明辨事理的工夫。「知識分子」在一般人眼中似乎屬於高高在上的理想階層,事實上在現今教育普及、媒體發達的「知識社會」,人人都有機會成爲知識分子。不過我所強調的知識分子,並非只具備受過教育、懂得上網等基本能力而已,更重要的是「擁有獨立思考判斷能力並躬行實踐」,也就是「知行合一」。仔細考察,知行合一的境地其實有層次之分;知識短淺的人表現出相應的無知行爲,同樣反映知行合一,但這並非人們所要。我嚮往的是「不人云亦云、不隨波逐流、懂得大是大非道理」的人格典型;尤其是對生與死秉持負責和豁達的態度,更屬人生最基本的修養。

向殯葬業者以外所有社會大眾推廣通識取向的生命教育,除了瞭解殯葬業的性質外,還有一項重要目的,便是瞭解生與死的性質。本書主張「後現代儒道家」人格典型的「知識分子生活家」人生境界,在儒家方面,當代新儒家學者王邦雄說得好:「依儒學傳統,生從祖宗來,死往兒孫去,父子相傳是再生,而子孫綿延則是永生。……由是而言,我們是現世的再生與永生,此在幾千年的文化傳統與家族譜系,已做出了充盡的體現。我們不說前世與來生,也不求天國與彼岸,就在今生今世,就在此岸斯土,生命由再生而永生,此所以儒學可以是儒教,已取代了宗教信仰的功能。……慎終透顯生命的莊嚴,追遠傳承生命理想,每一世代的子民,就在安身立命中繼往開來。」

（王邦雄，2006）這眞是令人豁然開朗的振聾啓聵之論。

　　至於道家思想，王邦雄也有精要的闡述：「不管是老子與莊子，從來沒有要求我們長生不死，他只告訴你，假如你不執著生的話，你就不會死。所以如何不死，他給出的答案是不生，沒有生的意念，永不會有死亡的壓迫，所以根本上他是要化解人心靈的執著，叫心知。通過心知的執著就產生情識，情識就是在比較中感受困苦。所以宗教總是要救人的，這個救就是福報的問題……。但老子怎麼報？他不在三世因果，不在最後審判來報呀，他在當下說。……道家的無爲就是讓每一個人回到他自己，回到自己的美善中，他是這樣來救人、救天下的。」（王邦雄，1987：197-199）以上所說的儒家與道家觀點，都是不折不扣的「現世主義」：活在當下，人文地安身立命，自然地反璞歸眞。通過殯葬教育以實現殯葬改革，需要從這種現世主義出發才有希望、才有可能。

第四節　課程與教學

　　通識取向的殯葬生命教育，尤其要一針見血地強調「後科學、非宗教、安生死」的華人生死學暨生命教育基本精神。其中「後科學」指的是「後科學人文自然主義」，此乃由「科學人文主義」轉化擴充提升而來。科學人文主義是一種「以人爲本、善用科技」的價值觀，科技在此所扮演的角色爲工具和手段，而非標竿和目的。在人文關懷和人本精神指引下，善用科技的工具手段，可使人類知命改運。將科學人文主義進行後現代轉化，使之能夠對科學思想加以反思與批判，亦即不再「立足科學、鞏固人文」，而是「立足人文、善用科學、回歸自然」。盡可能把命運掌握在自己手上，順其自然地了生脫死，不要寄望超越性的力量。「後科學」在此銜接上「非宗教」的人生信

念，進一步達成「安生死」的理想。

　　爲什麼要從事殯葬改革？因爲殯葬活動在臺灣弊端叢生，呈現一片混亂的局面。照說與死亡相關之事，大家避之唯恐不及，爲何還會亂成一團？因爲有機可趁，趁亂大撈一筆。歸根結柢在於利字當頭，而業者有利可圖，正是利用世人對生死的無知或偏差心態。在這方面，西方人比華人的處境好許多。他們的宗教信仰使得殯葬活動簡化與淨化，我們卻因捲入宗教禮儀而益形複雜紛亂；正本清源之道，唯有回歸民族文化傳統的「非宗教」本質。華人是世上最不在乎宗教信仰的民族，這無寧是一股好現象、一種優勢。可惜當外來的佛教傳入後，因果輪迴的死後生命觀逐漸深入人心，再加上後來道佛雜糅演成葬儀的繁文縟節，始有今天的亂象不斷。從理想面看，秉持儒道現世主義人生信念，節葬與潔葬將是水到渠成之事。

　　在大學通識課程中，或是到各地社教機構舉辦專題演講，殯葬生命教育可以「殯葬與生死」爲名加以發揮。而無論是兩小時的演講，或兩學分的正課，最好都是從具體的現實新聞事件展開，最後以抽象的理想人生觀點收尾。譬如曾經喧騰一時的「腳尾飯事件」，讓社會大眾注意到「腳尾飯」這件事；到底這種民間習俗於華人社會代表什麼意義？它的文化根源又在何處？有沒有改革創新的方法可以讓弊端不再？凡此種種，皆反映出人們對死亡的想法與作法；一旦想法有所改變，則作法亦將獲得突破。討論殯葬議題的通識教育或生命教育，正是要引領人們面對死亡、正本清源、推陳出新、安頓人生。我曾經提到過，「生」與「死」不能等量齊觀，同日而語；生是歷程，死是終點，殯葬生命教育理當建立在一種「由死觀生」但「輕死重生」的健康心態上，始能助人從善如流。

　　以死觀生的「殯葬與生死」一科，不妨利用華人生死學「一體五面向人學模式」去反思殯葬活動。我曾對此有所建議，即就生物層面考察生命終止和遺體處理、就心理層面考察死亡心理和悲傷輔導、就

社會層面考察文化型塑和經濟考量、就倫理層面考察道德實踐和禮俗推動、就靈性層面考察宗教信仰和悼亡儀式，並且依此五面向提出殯葬的遺體處理、悲傷調適、身分轉換、慎終追遠、終極關注等五大功能（鈕則誠，2004b）。生與死乃一線之兩端、一體之兩面，死亡只是生命的終點而已，連臨終狀態都仍然屬於生命的最後歷程。如果我們調整心態，把生與死看作是同一件事情，並且盡量著眼於人生的充實與改善，則死亡根本不必畏懼。而除非是意外喪生或人為致命，死亡不過是回歸自然的一道程序罷了，與之相應的殯葬活動理當一切從簡，才算是真正地自然而然。

儒家講「慎終追遠」，是要大家妥善為親人送終，並且將之與家族傳統聯繫在一道，而非鼓勵進行舖張的後事。其實不管是儒家還是道家，在現世主義的前提下，對後事料理都是看重意義而非在乎形式的。像儒家雖然就喪禮多所規定，卻更看重對父母守喪三年的要求，子貢甚至為老師孔子守喪六年，理由無他，就是感恩圖報的心意表現。如今大家都不可能做到此點，但是教師在課堂上引領學生反身而誠，對於社會上的殯葬活動加以考察與批判，並且反思自己會如何做。我教「生死學」通識課十餘年，一向規定學生寫遺囑當作業，其中包括財產分配、親人照顧、後事料理、告別人間等項，見許多年輕人都嚮往瀟灑浪漫的拋灑海葬，予我極大鼓舞，認為通過生命教育從事殯葬改革仍大有可為，本書的寫作即是此一理想的落實。

結　語

本章不但是第二篇的末章，更是第一、二兩篇通論的結尾，接下去就要進入專論部分了。我在通論的六章中分別引介探討殯葬生命教育的六種取向，但它們並非各自為政，而是互相關聯的。簡單地說，

生命教育以人性和人生取向為基礎，視生死取向為核心；在教學實踐中，必須以提升全民素質取向為理想，分別展開專業和通識取向的殯葬教育。目前在臺灣，專業取向已設有二十及八十學分推廣班，通識取向則多融入兩學分的生死學教學中宣導。由於「殯葬」二字容易引起忌諱和誤解，現今專業教育多以「生命事業管理」為名，而通識教育也只能暫時棲身於生死學之內。不過我推廣殯葬教育的最終目的，還是希望人們正視並重視它。因此推動設立「殯葬管理系」，以及普及開授「殯葬學概論」通識課，將是我全力以赴的目標。

課後反思

1. 臺灣各大學提倡通識教育的理念，乃是「倡導人文主義的精神價值」，進而「培養大專學生的整合能力，拓寬其作為現代人應具備的視野」。請對此加以闡述。

2. 《教育部推動生命教育中程計畫》指示，「在未來十年……於大學通識課程中規劃完整之生命教育學程」。環顧現實，你認為此一規劃有可能實現嗎？

3. 儒家和道家思想，都是指點人們活在當下、看重今生今世的「現世主義」人生觀。你認為根據這種現世主義觀點，可以開發出何種殯葬生命教育？

4. 通過「一體五面向人學模式」考察，可以發現殯葬活動具有遺體處理、悲傷調適、身分轉換、慎終追遠、終極關注等五大功能。請以自己的體驗，詮釋上述功能。

心靈會客室

惡性競爭

在撰寫這本書期間，聽到新聞報導一則臺鐵列車在疾駛中撞上五名施工人員的悲劇，鐵路局長為此黯然辭職以示負責。每次聽說這類不幸消息，我總是感慨「與其亡羊補牢，不如未雨綢繆，防患於未然」，但是意外事件仍然不斷發生。而這次事件更讓我感到遺憾是它的後續發展。就在局長下臺的同時，新聞又傳來罹難者家屬悲憤地指責殯葬業者趁火打劫，強扣屍塊，要求家屬必須付出兩萬元方能贖回一隻腳掌等惡行。只見一方面家屬向縣長哭訴希望主持公道，另一方面則見殯葬業者在縣長面前強詞奪理指別人誣告。無論事實真相如何，經過新聞媒體這麼一宣揚，好不容易才起步上路的殯葬改革，在社會大眾的心目中，恐怕又出現嚴重倒退的印象。連我這個有心推展殯葬教育的學者，也深感沉重與無奈。

殯葬教育自1998年躍上報紙版面而成為話題，當時有一家大型業者在報上登載全版廣告，建議教育部准許開設殯葬科系；而教育部的答覆則為不是不准，而是根本無人申請設系。此事給少數關心臺灣殯葬事務發展的學者帶來啟示，遂在南華管理學院舉辦探討殯葬設系問題的研討會，不料竟形成一股熱烈的氣候，而於次年促成「殯葬管理研習班」上路，這是在大學中開授殯葬課程的嚆矢。自以此後，七年過去了，其間〈殯葬管理條例〉正式頒布實施，業者的服務態度可見明顯改善，多種教育訓練的班次也在各地大專院校展開，情勢似乎一片大好。然而人們還是不時會從媒體上看見，諸如圍標醫院太平間經營權而出現的黑道恐嚇事件，以及類似上述裹脅遺體趁機勒索的惡形惡狀。這些負面形象的浮現，又為殯葬改革創新的進

程蒙上一層陰影。

　　我曾為文指出，殯葬與醫療護理同為服務人群生老病死的專業，因此理想上應該具有非營利事業的公益性質，不能完全以營利為目的。但現實中殯葬乃是厚利甚至暴利的行業，而且幾乎不受景氣影響。有錢人人都想賺，但即使是資本主義社會也必須取之有道，一方面有法可管，一方面業者自律。臺灣的殯葬活動如今總算有法可管，不過要求業者自律卻彷彿困難重重，惡性競爭的情形依舊此起彼落，改善的希望看來只能寄託於同業公會的仲裁與制裁。好在近來公會組織已經意識到從善如流的重要，乃主動結合學界的力量進行革新，並與官方建立起對話的管道，這些都算是好的開始。平心而論，不管人們喜不喜歡，殯葬活動可說是與每一個人息息相關。大家與其不聞不問或避之不及，倒不如寄與希望並嚴加督導，畢竟這是與我們切身攸關的生死大事啊！

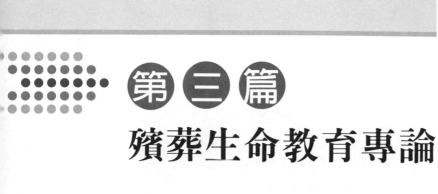

第三篇
殯葬生命教育專論

第八章

自然課題：遺體處理

摘要

　　自本章起進入全書的專論部分，以三章篇幅分別討論遺
體處理、殯葬管理、禮儀民俗等涉及自然、社會和人文面向
的課題。將遺體處理列為自然課題的理由有二：身體機能以
及機能喪失的死亡均屬自然現象、我們應該以自然而然的態
度處理遺體使其回歸自然。本章先考察生老病死的性質，從
而肯定人終不免一死的意義。生是歷程，死為終點；活著秉
持現世主義和自然主義的人生態度，死後則妥善告別人間並
簡單處理遺體。簡單不是隨便，而是懷抱慎終追遠的孝心與
禮義，落實反璞歸真的孝行與禮儀。具體作法則為實踐樹葬
或海葬等不立碑、不占地的拋灑式環保自然葬。此種自然葬
法如今在大陸為官方所提倡，在臺灣則列入〈殯葬管理條例〉
明白規範，可見兩岸華人社會皆已步上殯葬改革的道路，人
們理當從善如流才是。

引　言

　　本章進入全書第三篇，嘗試引介殯葬生命教育的核心課題，提供讀者考察與反思。此一專論篇章，針對殯葬所涉及的自然、社會與人文領域，分別討論遺體、管理和禮儀三大課題。本書秉持「後科學、非宗教、安生死」的基本理念，提倡「後現代儒道家」的「中國人文自然主義」思想，希望在華人世界推廣「知識分子生活家」的人生境界，對生活中一切事物懷抱「有為有守、無過與不及」的適性豁達態度，勿多事造作。把這一系理念、思想、境界、態度落實到殯葬活動上，首先要求的便是遺體處理一切從簡。理想作法是維繫慎終追遠的精神，走向反璞歸真的途徑，我因此大力倡導生態葬法或環保自然葬。人死後留下遺體是一切殯葬活動的源頭，殯葬儀式卻不一而足。像藏人嚮往天葬，將遺體搗碎餵鳥，在漢人看來簡直慘不忍睹。由此可見世間沒有一成不變的葬式，推陳出新實大有可為。

第一節　從生到死

　　人生即是由生到死的全部歷程，它是再自然不過的事情，現代人卻用否定的態度，很不情願地去面對死亡。美國醫學家努蘭（Sherwin B. Nuland）著有《死亡的臉》和《生命的臉》二書，提醒人們必須正視生與死的現實。他在前一種書中寫道：「事實上，死亡並不是一種『面對』，它只是生命自然歷程的一環。死亡不是真正的敵人，真正的敵人是疾病，疾病可怕的力量才是需要我們去面對的；死亡只是一場精疲力竭的敗仗的產物而已。甚至我們面對疾病時，也

必須知道疾病只不過是把人們送往類似出生前身體、心靈那種『非存在』狀態之方法罷了。」（楊慕華譯，1995：21）這段話說明了大多數人終不免因爲生病而死亡，在死亡前身體交給醫師診治，斷氣後成爲遺體則由殯葬人員處理。兩者的差別就在那口氣，而一息之間卻有天壤之別。

認真反思，人生絕非完美無瑕，更何況十全十美的人生根本不值得一活，因爲完全沒有奮鬥的目標與改善的可能。努蘭對此有所闡述：「視自身的完美爲理所當然的我們，常常爲身體偶爾顯露的缺憾大表震驚。……疾病存在的型態有很多……，每天擴張一點屬於自己的惡勢力，直到出現些微的蛛絲馬跡，作爲一點警告的徵兆，告訴我們身體可能出現問題了。……還有一些疾病就沒有這麼細微，一開始就來勢洶洶……。這種災難到來的感覺並非幻覺，通常在得到適當的處理之前，病人已敗在疾病之下，撒手人寰。」（林文斌、廖月娟譯，1998：21-22）人生的不完美當中，有一部分是去對抗疾病的侵襲，但是到頭來仍不免爲疾病所擊倒而失去生命，尤其是在老年時期，因此一般人對老、病、死皆視爲不祥之事。

要想躲掉老、病、死，最根本的解決辦法就是不生；換句話說，人只要一生下來，就註定要迎接死期的到臨。此刻最佳生活智慧，正是孔子的因應之道：「盡人事，聽天命。」這句話可以解釋爲：「活著就必須盡量發揮自己的潛力，但也同時要瞭解人終不免一死的生命限度。」它構成最典型的人文自然主義論述，人文自然主義觀點下的「不朽」或「永生性」，乃是象徵意義的：「永生性……這一觀念，從字面上曾爲人們所採納接收，而現在，它也爲許多人作了象徵性的解釋。如是觀之，人就可將其後代看作他生物學術語上的永生性，將其生命的勞作看作他社會的永生性，將其藝術……中的紀念物看作是一種文化的永生性的形式。」（嚴平譯，1990：4）個別生命是短暫的，但是生生不息的人類文明，卻得以持續綿延並發揚光大。

　　從生到死雖然自然而然，卻留給人們無數疑問；當子路向孔子請教：「敢問死？」老師的回答則爲：「未知生，焉知死？」這番千古答問的現代詮釋是：「孔子……堅持他人文主義的根本立場，『死』之所以形成傷痛與陰影，問題在『生』的情意與理想，未得充盡的感通與朗現。……不要問死後會如何，而當問生前該如何？不要問如何死，而當問如何生？……問當該如何生，答案在以仁爲己任，問當該如何盡，答案在死而後已！依儒學傳統，生從祖宗來，死往兒孫去，父子相傳是再生，而子孫綿延則是永生。」（王邦雄，2006）儒家很清楚地提出由生到死一以貫之的現世主義，作爲人們安身立命的基本理念；如此不假外求，也就沒有「死後生命」的問題了。一個人對「死後生命」所執持的態度，直接影響及他對遺體處理和殯葬活動的作法，不可不識。

　　遺體處理有理性與感性兩層意義，從殯葬生命教育的立場看，這兩層意義其實可以兼顧。理性代表對「人死」的坦然豁達，感性反映對「死人」的不捨留念；要想二者兼顧，不妨讓遺體美化，而令殯葬簡化。近年臺灣流行遺體美容與修復，這方面的專家陳姿吟表示：「生死乃人生大事，每一場的喪禮都是親友爲死者盡最後一次心意的機會，死者的最後容顏是永遠留在親友的記憶影像中，因此更需重視遺體對親屬及社會所帶來的終極意義，儘管軀體會隨著死亡腐朽，但都希望在回憶中是完美的，以悲傷輔導的角度而言，讓遺體有完整安詳的儀容，能降低親友內心的不捨與衝擊。」（陳姿吟，2002：2）我認爲與其在殯葬禮儀和設施方面多所花費，不如用來好好辦一場感性的、人性化的告別式，其後便一切從簡，回歸自然。

第二節　現世主義與自然主義

　　本書寫作的目的用於推動殯葬生命教育。生命教育在臺灣屬於官方政策的一環，肇始至今已歷十年，目前正於各級學校推廣普及。生命教育的重點取向之一乃是生死教育，而落實生死關懷則不免涉及殯葬相關事物。目前官方論述對此著墨不多，但作為民生必需活動與行業的殯葬，卻為世人多所忽視和誤解，亟待通過全民教育正本清源、推陳出新。基於此一理念及理想，本書有意提出具有中華文化本土意識的生命教育民間論述，並特別針對專上學生及成人，落實以殯葬課題為主的生死教育。為對照官方論述大幅西化及彰顯宗教的特色，我明顯標幟「中體外用」與「不論宗教」的立場。臺灣的殯葬亂象有很大一部分原因，跟「宗教團體涉入牟利」和「死後生命思想泛濫」有關，後者且為前者創造有利情勢。為打破此一迷思，我乃積極提倡非宗教性的現世主義與自然主義人生觀。

　　人生觀包含人死觀，若能「由死觀生」則更形深入。對於生死之事，本書主張「理性為主，感性為輔」。往深一層看，理性非但不與感性對立，而且還是高度、深度的感性。理性即是窮究事理的批判工夫，且看有關生死的事理：「如果撇開制度化宗教的內在問題，專就每一實存主體的宗教需求去看宗教，則可以說，生死問題的探索與解決，乃是宗教所以必須存在的最大理由。……祇有做為萬物之靈的人類，才會永遠探討死亡問題，尋覓生命的『終極意義』……，本質上完全異乎無有（精神）永恆性、絕對性可言的種種世俗意義……。假定我們的身心永恆不朽，無有死亡，則根本就沒有宗教探索的必要。」（傅偉勳，1993：111）這裡似乎意味宗教的成立，完全是為了處理「人終不免一死」這件事；關於此點，值得進一步商榷。

　　人死不可怕，不死才可怕。也許有人會覺得這種觀點太「世俗」，對於死亡的思考應當更「神聖」才是。我的建議是：姑且擱置所謂「神聖」或「終極」的思維，而回到世俗的、一般的、現實的觀點上面來設想，不久便會發現，原來此生所有的價值觀，都與生命的有限性息息相關。打個比方說，臺灣人的陽壽平均在七十五至八十歲之間，一個人六十至六十五歲退休，還可以安享天年十餘載；一旦延長壽命到兩百歲、五百歲、八百歲，甚至長生不死，那麼要待何時才退休呢？此處反映出一個嚴峻的問題：倘若人生綿綿無絕期，則所有的意義和價值，都會在生命的漫漫長河中，被稀釋得無影無蹤。這是多麼可怕的事情！基於肯定並珍惜有限生命的考量，我很知足地，也很慎重地提倡現世主義與自然主義人生觀：自然而然地活在當下。

　　任何宗教系統都不免要許諾信眾一個可以為之嚮往的「死後生命」，我認為這其中有豐富的美學意義，足以為世人帶來彌足珍貴的美感體驗；但是它的價值就到此為止，再過去便屬「不可說、不可思、不可議」的空靈境界了。我尊重各種宗教的說法，並且堅守「存而不論」立場，因為宗教是給人信仰而非討論的。然而從理性思考出發，便會發現「死後生命」充滿著弔詭。依常識觀點看，死意味生命的澈底結束，因此沒有「死後生命」的問題；而即使有所謂「死後生命」，那也是「別人」的生命，而非「我」的生命，否則就表示「我」並未真正死亡。由此可見，宗教論述的不合邏輯。當然護教人士會強調宗教的「超越性」，非邏輯所能框限；但如此一來，它就真的不可言說了。邏輯保證言說能夠被瞭解，至於足以讓人心領神會的說法，則歸於詩意的美感體驗，二者不應混為一談。

　　我無意否認宗教教誨對人類靈性的啟迪作用，但是寧可提倡一種「置之死地而後生」的剛性觀點，它們以儒道二家思想為代表：「儒家的生死觀完全排除個體不朽這一點，充分反映儒家型人物的『硬心腸』……，有別於講求個體不朽的一般宗教的『軟心腸』……。道家

的生死觀並不假定天與天命之類的宗教超越性源頭，而是基於自然無為的天道或天地之道。……我們個體的死亡原是萬事萬物自然無為的生滅循環之中的小小現象，……如體悟自我的死亡乃是落葉歸根那樣，回歸天道本根的自然過程，也就自然能夠克服自我自私，安然接受死亡。」（傅偉勳，1993：162-165）一旦欣然接受儒家的現世主義和道家的自然主義，方有可能對遺體處理採取簡化與淨化的豁達作法，而非執著於一些似是而非的繁文縟節，以圖掩飾心情的惶恐不安。

第三節　反璞歸真

　　臺灣的殯葬改革理當從遺體處理做起，本書建議在遺體美容和告別式上多所發揮，但是在葬式方面一切從簡；如此一來，既不失莊嚴尊重，又得以簡樸節約，可謂兩全其美。尤其當今社會上多為小型核心家庭，亦即父母與子女構成一家人，祖父母之輩逐漸疏離；日後養生送死之事僅在兩代之間為之，涵蓋時間不出四、五十年，此後難免失去子孫祭拜，終成孤魂野鬼一個。華人相信人死為鬼，有子孫祭拜者即成為祖先，得以庇蔭後代，但是這樣的理想必須孝心與孝行綿延不絕。平心而論，如今要讓每個人不忘列祖列宗，且能身體力行，恐怕有實際上的困難。基於「不種因，不結果」的考量，我鼓勵大家坦然交代後事，令子女不必為父母的遺體操心，一次劃上完美的圓，日後永無後顧之憂。

　　在最理想的狀態下，我寄望華人社會能夠推廣普及以樹葬和海葬為主的拋灑葬，大幅落實環保自然葬。臺灣地狹人稠，卻見墳墓及寶塔跟活人爭地，而這正是殯葬業獲取暴利之所在。尤有甚者，寺院廟宇經營殯葬設施者比比皆是，又形成宗教團體與殯葬業者的惡性競

爭。當然主張一切從簡的殯葬改革，不免會影響業者的商機，但卻是消費者的最佳選擇。至於業者的改善之道，大可走向開創精緻脫俗的殯葬服務，讓每一位亡者的告別式都進行得盡善盡美；甚至提供窩心的後續關懷，爭取消費者認同，以達到永續經營的效果。總之，本書倡議改善殯葬服務、精簡殯葬設施、還地於民；即使是硬體經營，也盡量走向以公園取代墓園的景觀改造。死亡自然而然，留下的臭皮囊可以在捐贈大體利用其剩餘價值後，平靜地回歸自然，反璞歸眞，這正是人生的最後貢獻。

科學家曾經三度打破人類自以爲是的迷思：哥白尼在物理學上打破「人居於宇宙中心」的迷思、達爾文在生物學上打破「人是萬物之靈」的迷思，佛洛伊德則在心理學上打破「人是理性動物」的迷思。尤其是達爾文和佛洛伊德，對人在自然中的地位有其卓見：「自然本身並未擁有我們可稱之爲心智的事物……。自然對我們也沒有任何計畫；……自然不把我們放在心上，因爲它沒有心……。我們所謂的心智是自然的產物，是我們身體的一部分。……我們本身早就屬於自然。……自然只是一個我們可以發現更多事物的地方。……我們在自然之中可能會覺得更加自由自在……。至少，這是達爾文與佛洛伊德兩人含蓄的期望中，想要告訴我們的事情……。」（江正文譯，2001：31-32）瞭解這種自然而然的道理，便趨近了人生的最高智慧。

「反璞歸眞」意指「回返淳樸自然的境地」，可以銜接上「從生來，到死去」的「出生入死」之說。二者都足以顯示出，生前與死後之事，乃爲人力所不及，我們只有踏踏實實地「活在當下」一途。現世主義和自然主義相互融通，人生意義與價值便得以在其中發揚光大。本書引介殯葬生命教育時，大致依自然、社會、人文三大知識領域的分野，具體落實爲衛生、管理、文化三方面的問題。把遺體處理看成衛生方面的自然性問題，一方面反映身體死亡屬於自然現象，一方面也希望提倡採取自然不造作的態度去看待死亡。人們對親友死亡

多表不捨，但面對遺體又會害怕，從而出現矛盾心理。爲斧底抽薪，我主張在人死兩週內，舉辦一場親切的告別式，如果當事人願意捐贈大體固然很好，否則立即火化成灰，做出一次性處理，讓自己和子孫後代完全無後顧之憂，這可說是人生在世的最後責任。

本書提倡以修復美容和火化拋灑的方式，作爲遺體處理的標準作法，大陸殯葬學者王夫子對此有所闡述：「整容與化妝通常相配合而進行，以期達到最佳效果，使死者以安詳、體面的形象供親朋吊唁。這是對生命尊嚴的滿足，同時，也讓生者獲得某種安慰。因而，整容與化妝的更深層意義，其實還在於爲生者服務，即爲生者的心理需求服務。……火化可以不占土地，不耗木材，不污染地下水源，保護生態平衡，且又經濟衛生。……我們應當給子孫後代留下一片綠色的生存空間，留下美好的生存環境。實行火葬，意義深遠。……骨灰寄存也不可能是永久的。通常，幾十年以後，亡者的直系子女或孫輩等後人不在了，骨灰也就會用深埋等方式統一處理掉。」（王夫子，2003：110-111；186-187；193）「不種因，不結果」，爲了避免自己死後變成孤魂野鬼，還是在生前就清楚交代後事，澈底讓這身臭皮囊反璞歸真吧！

第四節　環保自然葬

反璞歸真的遺體最終處理方式即爲環保自然葬，這點在臺灣〈殯葬管理條例〉第十九條的說明中，有著相當明確的指示：「非墓葬之骨灰處理方式乃最能實現土地循環利用，節省土地資源之殯葬方式。爲配合綠色矽島之建設願景，力求環境之永續發展，爰明定直轄市、縣（市）主管機關得劃定海域或公園、綠地、森林等一定區域範圍，實施骨灰拋灑或植存。」以臺北市爲例，官方大力倡導樹葬及海葬，

均獲得熱烈的迴響。不過這其中有一個現象值得關注，那便是願意配合政策實施樹葬或海葬的家屬，有許多是為亡者進行「二次葬」，亦即將墓葬或塔葬的骨骸取出，經過再處理後實行自然葬。這裡隱藏的問題，有待通過殯葬生命教育加以澈底解決，那便是必須積極宣導，令當事人及其家屬在開始料理後事時，便選擇一勞永逸的自然葬法，而非在土葬或火化塔葬多年後，再取出予以二次葬。

我當然知道，要使講究儒家慎終追遠孝道的華人社會大眾，在親人去世後立刻將遺體火化成灰，並用以植樹或拋海，難免依依不捨，這也正是本書積極強調兼採道家觀點的原因。殯葬生命教育主要在推動「後現代儒道家」思想，其內涵特色即為「儒陽道陰、儒顯道隱、儒表道裡」；也就是說，表面上學儒家，骨子裡歸道家。「儒道融通」非但不衝突，反而有互補的效果，西方漢學家即看見：「不論人怎樣看道家與儒家的關係，……傳統的目標是以一種和諧的方式展示它們。因為歸根結底只有看到道家和儒家之間各種各樣的和諧的關係，而不是只注目於這兩家之道的爭勝，人們才能最好地認識古典時代中國的道的追求者。」（施忠連譯，1999：183）身處二十一世紀，我們對於傳統文化大可不必照單全收，而是進行後現代轉化；例如保留孝心與禮義，但是改善孝行與禮儀，這些留待第十章再深入討論。

不應拘泥守舊而要改革創新，其實有著現實上的需要。〈條例〉第二十三條說明云：「由於臺灣土地相較先進國家更稀少珍貴，為配合提升火化進塔率及推動火化後自然葬方式，爰作墓基面積限制規定。」這其中自然葬是最終作法，火化塔葬只是改革土葬舊俗的權宜之計。對於土葬、火葬、自然葬的次第發展，第二十五條說得很明白：「埋葬屍體之墓基使用年限屆滿時，應通知遺族撿骨存放於骨灰（骸）存放設施或火化處理之。埋藏骨灰之墓基及骨灰（骸）存放設施使用年限屆滿時，應由遺族依規定之骨灰拋灑、植存或其他方式處理。」此條的規範意義，即是讓全民認清一件事：入土、入塔都只是

暫時性措施，唯有植樹或拋海才是最後的去處。我的看法則是：在心存慎終追遠理念下，與其大費周章，不如一勞永逸，走向反璞歸眞的生命最高境界。

在臺灣積極推廣環保自然葬的學者，指出大陸的作法及其眞義：「大陸官方爲求突破，近年從中央到地方的各級政府，積極宣導辦理『樹葬』與『海葬』。……樹葬是一種不建墓、不樹碑、以樹代碑，樹下直接葬入骨灰的葬法。象徵生命之樹長綠、精神永存，也符合人們『入土爲安』的傳統觀念，便於民眾接受。……海葬之禮……其理念本於人類本來就是自然的一部份，而生命乃源自於海洋，因此回歸海洋乃爲理所當然之事。」（黃有志、鄧文龍，2002：132-133）這些順應自然的作法，相當值得我們參考學習。大陸的改革措施由上而下，有人擔心會破壞傳統習俗；臺灣的情況同樣是以制定法規的方式來執行，剩下就看政府有沒有魄力了。當然在民主社會推行政策，還是得靠大力宣導；我站在民間推動殯葬生命教育，也算是協助政府從事殯葬改革。

殯葬生命教育是一種文化素質教育，大陸近年在提倡「文化葬式」的觀念，同樣值得我們反思。文化葬是針對人們一時不易接受自然葬所作的改善方案，其意義爲：「墓葬（遺體的、骨灰的）是眼下的主要葬式。由於占地，它成爲一種過渡葬式。它向不占地葬式的過渡不是一朝一夕所能完成的。以墓葬爲抓手，把人們的注意力引導到『保存文化，實現傳承』上來，這裡有大量的文章可做。要努力創造多種形式，推進文化葬式的拓展。文化葬式……旨在提高各種葬式的文化含量，從以占地、耗石爲主的資源消耗型墓式，向不占地、少占地、高文化含量的葬式過渡。」（諸華敏，2003：57-58）在自然葬法中融入人文化成的精神，正是人文自然主義的體現與落實，這也跟我所倡導的「強化告別式、簡化墓葬式」作法不謀而合。

結　語

　　「文化」意指「一個民族的生活方式」，它具有觀念、操作和實物三種型態（王夫子，1998）。以殯葬為例，「慎終追遠」是觀念型態、「行禮如儀」屬於操作型態，「陵寢墳墓」則為實物型態；但是這些殯葬文化型態，都圍繞著一個更為根本的實物來發揮，那便是亡者的遺體。本章將遺體處理歸入自然領域的殯葬衛生議題來討論，希望大家懷抱著一個健康的心態，做到「重視告別，簡化墓葬」的人文自然主義境界。典型的中國人文自然主義，正是古典儒道二家思想融會貫通下的後現代轉化；它標幟出「慎終追遠」的人文關懷與「反璞歸眞」的自然嚮往，彼此相輔相成，互利共榮。華人社會的殯葬改革，如果能夠在觀念上改弦更張、豁然貫通，則對於儀式操作和墓葬設施的簡化與淨化，也將是水到渠成的事情了。

課後反思

1. 孔子說「未知生，焉知死」，華人生死學講「未知死，焉知生」；
   俗話說「活到老，學到老」，生死學則主張「學到老，活到老」。
   請對此加以闡述。

2. 有學者發現，只有作為萬物之靈的人類，才會永遠探討死亡問
   題，並尋覓生命的終極意義，並認為人死帶來宗教探索的必要。
   請根據自己的人生體驗，反思上述看法。

3. 本書主張融儒家「慎終追遠」與道家「反璞歸真」的理念於一
   爐，對遺體處理採取「告別式精緻化、葬式簡單自然化」的作
   法。你是否同意？為什麼？

4. 環保自然葬以樹葬與海葬為主，皆屬不立碑、不占地的拋灑式自
   然葬法。你覺得此種自然葬法如何將文化葬式融入其中，以彰顯
   其人文自然主義的真義？

心靈會客室

揮灑自如

　　印象中有兩次看見怵目驚心的死亡景象。一次是高中騎單車上學，出門即碰上死亡車禍，受害者頭顱破碎，腦漿和著血水從路面流向邊溝，我不明究裡竟然從血流上面輾過，嚇得差點跌下車來。另一次則是誤食毒物送醫洗胃，虛弱地躺在急診室入口附近休養觀察，看著人潮進進出出，猛然瞥見一名頸部斷成半截的女騎士匆匆被送入急救，不久又蓋上白布推了出來。意外造成的死亡總是如此不堪，以至人們常將死亡與可怖及醜陋畫面聯想在一道，似乎忘卻了人死也可以有著自然祥和的形貌，彷彿安眠一般。讓我對於死亡產生比較正向的印象，肇因於為老父送終的經歷。父親六十八歲退休後到美國隨我兄嫂居住，七十二歲發現罹癌而接受治療，病情得以控制，但身體卻日益衰退，終至虛弱得無法搭機返國，只好終老異鄉，以八十五歲高齡去世。

　　父親半生行伍，官拜將軍，退伍後投身文化事業，可謂文武雙全。晚年得病後外表大不如前，心情倒是逐漸沉潛內斂。當父親在美定居時，我則走過當兵、就業、深造、任教等人生奮進階段，一年僅有一兩次機會前往探視。每回見他不斷地步入瘦弱衰退的境地，心中總是不忍。最後一次探訪竟然為他送終；那年我赴美參加研討會發表論文，主題還是生死學。猶記到家時他已氣若游絲，見我只能點頭示意，說不出話，三小時後便昏迷送醫，又過了三十小時終於往生，去世時僅三十一公斤，可謂骨瘦如柴，死亡實意味解脫。這是我頭一次遭逢至親逝世，衝擊不能說小。然而當我一週後去參加告別式，瞻仰遺容時，看見老父西裝畢挺安睡棺中，面容慈祥，還帶著微笑。如此得體的善後，竟讓我有一種喜樂的錯覺。

說喜樂也不為過，因為看見了解脫。父親臥病十三年，縱使以高齡辭世，晚年終究有些折磨。雖然人的成住壞空正是回歸自然的平常樣態，但是無謂地受苦仍不免令人抱憾。反觀我自己，不求飛黃騰達，但願揮灑自如；如果我連生命中最基本的自由自在都不可得，那我寧可早些離去，不必留在世間活受罪。行過半百，一開始難免感到時不我予；幾經反思，到如今終至領悟「盡人事，聽天命」的道理。目前我覺得生命的意義在於穩紮穩打、一步一腳印，而且隨時得以適可而止。只要能寫，我願意一年完成一部書；只要能走，我希望大江南北到處遊歷。我從小被教導自己是一個中國人，卻對中國認識不深、顯得陌生，所以希望有生之年不斷走走看看。只要筆端與足下流動著自由，我就願意盡情揮灑，否則還是讓我告別人間吧！

137

第九章

社會課題：殯葬管理

摘要

　　殯葬業是一門服務業，在臺灣從事殯葬服務的專業人員稱作「禮儀師」，可見我們的殯葬活動與禮儀民俗關係密切。本章從華人四大「生命禮儀」契入，指出其作為個人「身分轉換」的意義，而喪禮則可以落實為「慎終追遠」和「反璞歸真」的無所偏廢。一旦人們掌握住這種「中國人文自然主義」的理念，對於殯葬設施和禮儀服務的要求，便得以打破傳統、與時俱進、從善如流。後現代的殯葬改革主張「節葬」與「潔葬」，同時鼓勵大家從事「生前計劃」，為身後之事作主決定，無須假手親人，真正做到自己和家人均「無後顧之憂」。至於在業者方面，雖然營利的目的不可免，但是創造一些非營利的公益性附加價值，則是改善本身社會形象、帶動專業永續發展的方便法門。最終我們還提到了華人殯葬服務業採用中國式管理的可能。

引　言

　　雖然遺體處理構成殯葬活動的根本，但是一般人看見的往往以禮儀民俗爲主，此外殯葬業經營管理的影響亦無所不在。缺乏有效管理的業者，大多未具企業倫理觀念，罔顧「取之有道」的自律，對消費者大賺黑心錢，著實應該加以制裁。但是殯葬業畢竟爲民生所必需，大家更以作功德的行業去寄望它；倘若業者眞的做好管理活動，並對消費者提供安心的服務，則良好的口碑便會源源不絕地湧現。試想有哪一個行業如此貼近人們的眞實情感？難怪〈殯葬管理條例〉要將臨終關懷和悲傷輔導列爲殯葬專業人員的基本職能。從事殯葬服務，理想上必須「道」「術」兼顧，無所偏廢，這也就是我推動專業取向殯葬生命教育的用心，希望業者通過教育訓練和知識薰陶，眞正做到脫胎換骨、變化氣質，成爲受人尊敬的專業人員。

第一節　身分轉換與愼終追遠

　　殯葬是一門服務業，需要進行組織管理；而此一專業所從事的主要服務，可以從法定的職稱上看出——禮儀師。雖然禮儀師指的是喪禮服務人員，但是「禮儀」的意義並不止於此，其內容亦廣泛得多。宗教學者萬金川對此有所闡述：「在許多民族或部落的文化現象裡，自古以來便流傳著某種特定的禮俗或儀式，而當事者往往正是藉著通過這些禮儀活動，來標誌其人生的存在狀態或社會角色已然踏入另一階段或轉成別種身分。……這類禮俗或儀式的舉行，往往是伴隨著個人生命上所經歷的重大生物性事件而來，所以……叫做『人生禮儀』

或『生命禮儀』。……在《禮記》的說法裡，則藉由『冠、昏、喪、祭』四項主要的禮儀活動來標舉出人生的四大階段，而其中每一項的禮儀活動可以說便揭示了人生歷程上的一座重要分水嶺。」（萬金川，2000：138-139）

萬金川將「冠、婚、喪、祭」四大生命禮儀作出簡要的提示：生命教育的初成——莊重的成年禮儀、生命繁衍的因緣——神聖的婚嫁禮儀、生命莊嚴的安息——慎終的喪葬禮儀、生活薪傳的圓滿——追遠的祭祀禮儀。本書爲推動殯葬生命教育而寫，主張融儒家「慎終追遠」的理想與道家「反璞歸眞」的境界於一爐，因此主要著眼於喪禮，並兼及祭禮。由於儒家思想在中國歷史上長期以來皆蔚爲顯學，且與官方意識型態緊密結合，而一般平民百姓也多根據儒家倫理規範養生送死；相形之下，道家思想就顯得另類，但考察其內容，卻對殯葬改革相當有建設性。簡單地說，儒家禮儀繁複，所費不貲；道家死生齊觀，不事造作；在現今生活步調快速、生態環保意識高漲的時代裡，道家精神看來更爲合乎節葬與潔葬的需求。

不過在「反璞歸眞」的實踐中，我們還是應該保存「慎終追遠」的眞義。萬金川對此有所分析：「慎終的喪禮，除了……可令在世者充分盡其孝哀之思與悲慟之情外，而通過此一禮儀的目的則在於宣示當事者已然結束今生而告別此世。此外，這類繁複的禮儀活動……以死教生而使在世者能夠明白『往者已矣』的道理，並體會『來者可追』的奧義。……追遠的喪禮……固然是因於緬懷逝者而設，但其所透顯的意義則是讓與祭的子孫……培養出薪盡火傳，逝而不亡的生活觀。……通過這種追遠報本的生活禮儀活動，從而回覆了『生命從何而來？又將歸於何處？』的提問。」（萬金川，2000：139-140）總而言之，「慎終追遠」有繼往開來、生生不息的用意，藉著回顧以策勵前瞻，理當體察其眞義，而在實際作爲上適可而止，不要繁複舖張。

討論殯葬管理一定要先正本清源，方能進一步推陳出新。中華文

化與西方文化在表面上雖然大異其趣，但並無妨我們取其菁華以遂行改革創新。西方文化主要以基督宗教信仰為核心價值，認為人死靈魂升天歸主，對遺體處置則採取簡潔方式進行，但完全無損於哀思。反觀我們，繁文縟節一大套，不免喧賓奪主；結果讓慎終追遠的真義，在行禮如儀中消磨殆盡。尤其是儒家的古禮，在後世添加上佛教與道教的禮俗，不斷雜糅附會，竟演成今日的光怪陸離現象。要不是中國經歷了一連串社會主義革命，恐怕傳統流弊會更加侵蝕人心。平心而論，對照兩岸的殯葬活動，大陸確實比臺灣適度得多，原因即是官方的改革措施易於貫徹。不過值得憂心的是，對岸經濟日漸發達後，似乎也有走向凡事舖張的流俗，與二、三十年前的臺灣相當類似，必須防患於未然才好。

　　組織管理活動需要兼顧三個構面：依事業功能，可分生產或服務、行銷、財務、人力資源、研究發展等項目；依管理功能，則分規劃、組織、任用、領導、控制等項目；另有依行業別列管，例如醫護管理、宗教管理、殯葬管理等。後者屬於不同行業的組織管理，除了按照上述事業功能及管理功能落實管理外，更要對行業的內涵深入瞭解與把握。尤其是涉及領有證照的專業性活動，不能只實施籠統式的管理，還需要講究專業精神。近年殯葬已被定位為「文化產業」，從事的是一種「文化服務」（諸華敏，2003），因此業者有必要對殯葬文化的內涵全盤把握領略。殯葬處理的是死人，面對的卻是活人；業者理當對「人死」的意義深刻體會，並且對「人活」的意義提供助益。好的殯葬活動足以讓亡者精神不朽，令生者化悲傷為力量，這才是「生生不息」的真正價值。

🐟 第二節　殯葬設施與服務管理

　　殯葬管理分為硬體管理和軟體管理兩部分，也就是設施管理和服務管理。臺灣的〈殯葬管理條例〉共有七十六條，對這兩部分作出了詳盡的規範；尤其是關於服務部分的法條，為過去所無，足見立法的必要與迫切性。至於大陸的同名法案只有二十四條，多為規範硬體部分的條文，反映出管理的重點所在。兩岸在殯葬管理方面的出入，可視為彼此政經體制不同所演進導致。臺灣的殯葬活動由農業社會的鄉里互助民俗，逐漸演變成為工商業社會的暴利污名行業，有很長一段時間竟然無法可管，立法乃是亡羊補牢之舉。大陸的殯葬活動一向是官方經營的公益事業，直到近年才在市場經濟的驅動下步向產業化，在未陷入惡性競爭的泥淖之前，宜未雨綢繆先訂定周詳的法規。兩岸情況雖大異其趣，但不無互相參照學習的可能。

　　先考察法條中的定義，〈條例〉第二條載有：「一、殯葬設施：指公墓、殯儀館、火化場及骨灰（骸）存放設施。二、公墓：指供公眾營葬屍體、埋藏骨灰或供樹葬之設施。三、殯儀館：指醫院以外，供屍體處理及舉行殮、殯、奠、祭儀式之設施。四、火化場：指供火化屍體或骨骸之場所。五、骨灰（骸）存放設施：指供存放骨灰（骸）之納骨堂（塔）、納骨牆或其他形式之存放設施。」這四種殯葬設施，殯儀館和火化場多為公營，屬於公益事業；公墓及納骨堂塔是民間業者主要著力之處，也是利之所在。目前劃歸於殯葬用地的私營墓地十分有限，已達奇貨可居地步，價格相當高昂，但消費者可取得分割後的產權。因此殯葬改革若要針對硬體設施下手，公營的墓地是最佳進路。主管的地方政府可以一方面要求嚴格執行輪葬期限，一方面逐漸將回收的墓穴改建成樹葬專區。

　　將公營公墓內的墳墓改建為樹葬用地於法有據，〈條例〉第十七條指出：「殯葬設施規劃應以人性化為原則，並與鄰近環境景觀力求協調，其空地宜多植花木。……專供樹葬之公墓或於公墓內劃定一定區域實施樹葬者，其樹葬面積得計入綠化空地面積。」在其說明中則表示：「樹葬之作法本身即有美化公墓之功能，因此，為鼓勵公墓多經營樹葬，爰規定樹葬面積得計入綠化空地面積。」這是將墓園轉型為公園的具體作法，但是要想普及推廣，並非立法規範或由地方政府一紙公文便運行無礙。要改變社會大眾對墓葬和墓地的刻板印象，涉及移風易俗的重大變革，最好是通過教育管道入手。本書所倡議以華人生死學暨生命教育為內涵的殯葬生命教育，其目的正是移風易俗、推陳出新。仔細觀察，根本問題在於殯葬文化。

　　臺灣的殯葬文化以漢人傳統為主，表面上講究慎終追遠的儒家孝道，實際上卻與道佛雜糅的鬼神信仰糾纏不清。這些現象過去在大陸也屢見不鮮，但是幾場社會主義革命及運動，將之統統視為「封建迷信」予以鏟除。近年大陸人民生活條件大幅提升，傳統作法又有死灰復燃之勢，官方則在積極控管防範。臺灣未曾經歷翻天覆地的政治動盪局面，一步一腳印享受著經濟成長的果實，卻出現法律跟不上時代腳步的弊病，一度使得殯葬走上無法無天的脫序境地。如今既然有法可管，就該改弦更張，讓業者與消費者互利共榮，使殯葬業有機會也有能力永續發展。從經營管理的角度看，殯葬設施管理其實屬於殯葬服務管理的一環。硬體設施的呈現，繫於軟體文化的內涵，難怪大陸要把殯葬產業視為文化服務產業加以開發。

　　殯葬業根本上屬於服務業，業者並未以其勞務生產任何器物，即使涉及遺體或設施等實物，也是提供處理或管理的服務；真正製造器物，例如生產棺材、骨灰罐、墓碑及其他禮儀用品等，大多列為殯葬周邊行業。本節主要討論設施服務管理，至於禮儀服務留待下章再介紹。針對殯葬設施，我願意大力推廣火化樹葬，以期將墓園變為公

園。大陸業者有如下意見，值得參考：「樹葬……是目前殯葬改革中的一種全新方式，它……是通過將逝者與樹融為一體，使其生命得以廷續，得到昇華。……現實社會的人越來越渴望回歸大自然，擁有一片淨土。從殯葬改革的趨勢來看，樹葬的推出恰好能滿足人們的這種心理，從而對人們固有的殯葬觀念有一個良好的引導作用，所以我們相信樹葬是能走向市場，並被市場所接受的。」（申敬民，2001：208-209）

第三節　風險管理與生前契約

　　過去殯葬業者一向予人「賺死人錢」的印象，這意味著業者只會在人死後與其家屬打交道。如今情況已有所改變，一種稱為「生前契約」的商品近年大行其道，消費者可以生前購買，待死後立刻派上用場。生前契約的全名為「生前殯葬服務契約」，〈條例〉定義為：「指當事人約定於一方或其約定之人死亡後，由他方提供殯葬服務之契約。」當中包括「其約定之人」，意指該契約可轉讓給他人使用。除了可讓渡的性質外，生前契約在精神上類似於買保險，令當事人可以獲得「無後顧之憂」的安全感。生前契約在臺灣幾乎演成一種接近直銷的商品，其內容主要還是殯葬服務，包括簡單的棺木或骨灰罐，但不含墓地或塔位；然而後者才是業者真正想推銷的商品。如果消費者採用公有墓園樹葬或海上拋灑葬的方式料理後事，則軟體服務以外的硬體設施費用，就可以完全節省下來。

　　倘若當事人是在為自己購買生前契約，代表著對於「生前計劃」的表達，殯葬學者尉遲淦指出：「有人是透過事先購買壽城來表達自己的生前計劃，有人是透過預立遺囑來表達自己的生前計劃，有人是透過購買生前契約來表達自己的生前計劃。無論大家採取的做法是那

一種，在在都表示現代人對於自己殯葬自主權的覺醒與渴求。……爲了避免我們自己的死亡與身後事受到不尊重與不滿意的待遇，最好的方式還是在生前就決定自己的死亡與身後事應如何被對待的方式。」（尉遲淦，2003：102；105）這種觀點對於華人社會的殯葬改革尤其重要，因爲華人在作重大決策時，傾向於由家族成員共同決定。尤其是生死方面的決策，結果往往犧牲了當事人的權益。像後事的料理，如果當事人生前即有所規劃，家屬理當成全他才是。

「生前計劃」有廣義與狹義之分；廣義即如上述在生前爲死後預作安排，狹義者等同於「生前契約」。廣義的「生前計劃」多在生命晚期爲之，希望對身後能夠自行決定並愼重其事。與此意義相通，但在年輕時爲之的就是「生涯規劃」，亦即爲自己的前途舖路，避免受他人意見所左右。而狹義的「生前計劃」，即使等於「生前契約」，也有不同的發展方向。大陸根據臺灣及西方經驗，已發展出自己的生前契約操作型態，例如貴州省的「鳳凰山模式」（漆雲慶等，2003）、上海市的「人生後保險」（上海市龍華殯儀館，2003）等。它在臺灣屬於大型殯葬公司的套裝商品，消費者的分期付款必須交付信託；大陸則因爲法令限制，將其轉型成爲保險服務的一部分。事實上，兩岸都已出現殯葬業和保險業整合或策略結盟的作法，將二者聯繫在一道的概念乃是「風險管理」。

「風險管理」是一個相對較新穎的概念，大約出現在1956年，至今剛好半個世紀，與其關係最密切的活動則是「安全管理」與「保險」。風險管理學者宋明哲對此有所說明：「風險是風險管理的標的。風險之所以存在，主要有三個理由：第一是人類仍無法完全掌控萬物。第二是對某些事物，吾人的決策資訊仍不足。最後一個是時間因素。時間因素有兩層涵義：首先是時間急迫下的決策，失誤高，風險必隨之。其次，只要有未來，必有風險。」（宋明哲，2002：5）他並且表示，風險管理的核心議題是「如何決定可接受的風險」；用我

們熟悉的話來說就是：「居安思危，未雨綢繆」。殯葬處理的乃爲人死後的遺體，人何時會死誰也說不準，最好還是生前就把後事安排好；否則一旦主體消失，就眞的「身不由己、任人擺布」了。

　　爲分散死亡後的不確定風險，購買生前契約或許是一種可行辦法。「生前契約」爲日本人對西方的「殯葬預先安排」或「殯葬預付合同」等概念的翻譯，臺灣直接加以引用。有學者對此覺得不妥，認爲任何契約皆係生前簽訂，因此建議改爲「往生契約」。不過「往生」二字屬佛教用語，必須認定「輪迴轉世」的前提，並不適用於其他宗教信徒或不信教的人。但是學者對於這種契約的詳盡定義，卻很值得參考：「消費者在簽約前，殯葬業者應提出殯葬相關資訊與相關服務或商品，由消費者自行選擇服務或商品，業者並對消費者所選購的服務或商品提出履行的一種契約保證。」（黃有志、鄧文龍，2001：11）回想二、三十年前，人們對於「拉保險」避之唯恐不及，如今卻主動多重投保，這正是風險觀念發生作用的結果。基於同樣道理，生前契約在日後爲大家普遍接受也說不定，我願拭目以待。

第四節　葬儀商業與非營利事業

　　殯葬是一門正在朝向專業發展的行業，雖然專業化需要很長時間，但是在臺灣它畢竟已經起步。究竟殯葬業是什麼行業？殯葬學者徐福全作出分析：「殯葬業跟一般行業一樣，要申請公司登記，必須有營利事業登記證，所以說殯葬業本質上它不是非營利組織而是營利事業，不只是一般營利事業，而且應該是高利潤的行業。爲什麼說它應該是高利潤？理由很簡單，因爲一般公司的員工是朝九暮五，在舒適的場所工作，而殯葬業界員工則是全天候，全年候無休，他們要接觸別人不樂意接觸的遺體，長時間在別人不願意去的殯儀館、火化場

工作，給他們較高的待遇，以獲得較好的服務品質，這是天經地義的事。」（徐福全，2005：6）這雖然是對葬儀商業的如實看法，但我還是希望能將一些非營利事業的公益精神融入其中，畢竟它終究為民生所必需。

前面曾經提到，殯葬業主要還是在提供服務，至少包括設施服務和禮儀服務。殯葬服務的確不是朝九晚五的輕鬆職業，而是隨時待命、全年無休的人道專業，因為它跟醫療及護理專業一樣，處理的是人們的生死大事。事實上，如今殯葬與醫護並不如一般人所想像的那般壁壘分明，彼此間存在著「臨終關懷」此一共同介面：「殯葬服務業的接棒，不在死亡發生後，而是每逢人們覺醒察覺死亡威脅時，殯葬業者就當義不容辭的伸出援手。因此殯葬服務業的人性服務，可以從人們覺醒死亡的存在或威脅時，可以依照臺灣人的殯葬禮儀，從臨終托孤、交代遺言、分手尾錢、分配遺物等做法展現臨終關懷的貼心照護。」（李慧仁，2005：7）這樣的貼心服務，既與營利性質相容，又可發揮非營利的公益精神，可謂一舉兩得，何樂而不為。

在眾人的經驗裡，事業組織可以分為以政府為主的「公部門」，和以企業為主的「私部門」，但是如今出現越來越多與上述二者相輔相成的「第三部門」，亦即「非營利組織」。對此提倡最力的美國管理學家杜拉克（Peter Drucker, 1909-2005），就三者的分別有所闡述：「商界做的是產品或服務的提供，政府做的是監控工作。顧客一旦買到了東西，付了錢，覺得很滿足，商人的任務就算達成了。政府的政策如果推行得很順利，也就完成了自己的職責。但是非營利機構供應的既不是產品勞務，也非監控制度。……它們的產品是治癒的病患、學到知識的小孩……；總而言之，是煥然一新的人。」（余佩珊，1998：4-5）這裡是指醫院和學校的功能，但同樣可用於殯葬服務；尤其是當業者站在生死第一線，向當事人及其家屬提供及時的臨終關懷與悲傷輔導等人道關懷，這絕非利潤考量可以涵蓋的。

　　營利事業的特色乃是陽剛的競爭，反映出優勝劣敗；非營利事業的特色則為陰柔的關懷，體現出濟弱扶傾。絕大多數非營利組織運用的人力資源，為少支薪的員工或不支薪的志工。殯葬業行有餘力，不妨對下列說法加以省思：「目前社會仍存在許多亟待解決的問題或不公平的現象，如果每個人都本著不求回報的態度去關心別人、關心社會福利與參與，表達對社會的關心，貢獻己力，藉以幫助他人之不足，相信這會讓我們的社會中群己關係更融合，社會福祉更精進。每個人都是關懷倫理的最佳實踐者。」（林靜茹，2001：74）平心而論，本書志在推廣殯葬生命教育，多少帶有幾分理想性，因此倡議為營利的殯葬服務事業，添加幾分非營利的人道公益精神，也是理所當然之事。殯葬業者面對的是人們充滿悲傷之情的脆弱時機，助人一臂之力，往往可以創造最高的附加價值，這點值得業者考量再三。

　　為了將人文關懷的理念與理想融入殯葬管理，我希望進一步倡導本土化的中國式管理。根據管理學者曾仕強的考察：「企業管理的目的，在追求『利潤』、『績效』、『安全』、在善盡『責任』，甚至在肯定『自我實現』，原本都無可厚非。但是……這樣就中國人看起來，似乎還是有所遺憾。中國人所敬仰的管理者，乃是具備「與天地參」（頂天立地）的人格，必須在『安全』、『使命』、『利潤』、『績效』之上，設置『安人』為最終的目的，以資統合……。企業經營管理的目標在安人，對內要安員工、安股東；對外要安顧客、安社會大眾。……安人的最佳途徑，在實施合乎人性的人道管理。」（曾仕強，1990：82-83）殯葬既然屬於文化服務產業，將本土中華文化的人文關懷與人道精神，視為組織管理的核心價值，將有助於殯葬順利走上專業化的境地。

結 語

　　殯葬管理的目的爲何？〈條例〉開宗明義即指出：「爲促進殯葬設施符合環保並永續經營；殯葬服務業創新升級，提供優質服務；殯葬行爲切合現代需求，兼顧個人尊嚴及公眾利益，以提升國民生活品質……。」此處顯示，無論是組織管理還是法律規範，皆包括殯葬的設施、服務和行爲三方面。倘若殯葬設施要永續經營，把公墓轉變成樹葬公園是最佳作法；至於讓殯葬服務創新升級、殯葬行爲與時俱進，就得從業者與消費者雙管齊下，一道落實殯葬生命教育。西方殯葬教育著重於遺體處理與公共衛生，相關議題幾乎占去專業課程一半份量；反觀臺灣，重視的則是禮儀文書之類文化性議題，此一現象背後正與安頓「死後生命」的心理深深糾纏。我認爲，正本清源的改革創新，必須從文化民俗著手，這乃是下一章的主題。

課後反思

1. 「冠、婚、喪、祭」屬於華人社會四大「生命禮儀」，都具有生命教育的價值。請以自己成長過程中的個人體驗，闡述四大禮儀的真義。

2. 殯葬活動涉及遺體處理和墓葬設施，這些都是具體的實物，屬於硬體方面，為什麼我們在論及殯葬管理時，還是強調軟體方面的服務管理？

3. 過去政府曾提倡「家庭計劃」，教導民眾如何「生」；如今有人推動「生前計劃」，安頓人們如何「死」。你覺得後者是否值得大力宣揚？

4. 殯葬業不但是一門營利的商業，而且還具有厚利甚至暴利，但是其社會形象始終不佳。請問將非營利事業的人道關懷與公益精神融入殯葬業之中，有否可能出現較大的改善？

心靈會客室

學管理

我學管理是困而學之，結果漸入佳境，終於快樂學習。三十五歲那年，我拿到正宗的「哲學」博士學位，發現在本行內謀得教職機會不大，乃決定到專科學校去教書。由於教的是五專一、二年級學生，身分其實相當於高職教師。但是頭兩年教女娃兒的無憂無慮夫子生涯，卻是我一生中最愉悅的時光。兩年後服務的學校改制升格，從商專變成管理學院，成立了九個學系。當時的校長認為系主任最好由有博士學位的教師擔任，無奈專科仍以講師為主力，學校裡專門博士寥寥可數。在人力資源青黃不接的情況下，我這個非商管系所出身的文科博士，竟被委以代理系主任一職，接掌校內科技性質最強的系——資訊管理學系。我在系上一共待了兩年，專業部分由老師共同討論解決，行政部分則盡量協調處理；雖然是外行領導內行，倒也一路相安無事。

到資管系服務，使我對電腦世界大開眼界。十七、八年前尚未流行網際網路，但是把電腦用到管理方面，已屬不可避免的趨勢。然而對於一個終日在書齋中談玄說理的象牙塔型人物如我，無論是資訊還是管理都覺得陌生，甚至遙不可及。我當初以為代理職務只有一年，並不覺有大幅投入的必要，沒想到還要續任一年。校長甚至好意建議我去在職進修，結果讓我一腳踏進十分陌生甚至有點排斥的商管領域，不料世界竟然意外地對我多開了一扇窗。還記得三十八歲時，我頂著博士和副教授頭銜，到政治大學企業管理研究所進修科技管理。接近中年，能夠再回頭當學生，格外覺得應該珍惜，也令我相當投入。我前後念了三年半，幾乎把所有的管理知識學過一遍，可說對組織管理有了初步的全面認識，對日後立身行道大有助

益。

　　早年考大學選文科而非商科，多少有些士大夫心理作祟，
總認為讀聖賢書是為了安身立命而非賺大錢。十幾年下來，聖
賢書並沒有讀通，僅能拾人牙慧地靠教書講課謀生糊口。在大
專院校當老師，圖的只是一份自由自在，未想竟多次兼任行政
職務，成為學校組織的管理者。偏偏我既不愛管人又不喜被人
管，終不適任管理者的角色。倒是學了幾年的管理，對別人的
管理作為，可以仔細品頭論足一番。平心而論，在工商業發達
的今天，各行各業的從業人員，都應當對組織管理有所瞭解，
不能光憑經驗辦事。學管理賺不賺錢倒在其次，把事情做對和
辦好才重要。因此我認為有必要將管理理念納入通識教育，在
高中職和大專院校內推廣普及。尤其是近年連政府機構和非營
利組織，都要積極向企業管理取經，就可以發現這已是大勢所
趨，管理知識人人不可不知。

第十章

人文課題：禮儀民俗

摘要

　　本章討論有關殯葬禮儀民俗的人文課題，但並不直接介紹實際發生的禮儀民俗，而是反思與批判它們背後深藏的用意。華人殯葬禮儀經常被視為傳統孝道的體現，孝道還放大擴充為天經地義的普遍德性，但在科學分析下，它只不過是一時一地的文化設計產物而已。然則孝道歷千百年不衰，具有維繫社會人心的作用，且早已成為華人知情意行的深層結構，值得加以保存。本乎此，我們的建議是肯定孝心、改進孝行。基於同樣理念，本章也提出正視禮義、簡化禮儀的作法。由於臺灣的殯葬禮儀民俗，正面臨嚴重商業化和宗教化的問題，有待正本清源、推陳出新，我乃積極提倡讓當事人及其家屬無後顧之憂的節葬與潔葬。環保自然葬不但符合自然生態，也是社會正義與人文關懷的理想實現，它正反映出本書寫作的核心價值。

引 言

　　殯葬生命教育的人文課題對焦於禮儀民俗，可說相當切合實際。臺灣將殯葬服務人員稱作「禮儀師」，其法定職能至少有五項：殯葬禮儀之規劃及諮詢、殯殮葬會場之規劃及設計、指導喪葬文書之設計及撰寫、指導或擔任出殯奠儀會場司儀、臨終關懷及悲傷輔導。這些職能雖然有很強的操作性，但其背後卻存在著相當豐富的人性和人文意義，非常適合通過生命教育加以推廣與傳承。作爲華人四大「生命禮儀」之一的喪禮，和其他禮儀一樣看重歷史社會文化脈絡。我們的文化脈絡受到儒家思想影響最大，儒家所提倡的孝道，甚至決定了「喪」的概念。東漢儒者班固《白虎通義‧崩薨》云：「喪者，亡也。人死謂之喪。何言其喪？亡不可復得見也。不直言死，稱喪者何？爲孝子之心不忍言也。」所以我們要考察喪事的禮儀民俗，最好是從孝道著眼。

第一節　孝心與孝行

　　孝道是中華文化裡面最高的德性，列爲古典十三經之一的《孝經》，起首〈開宗明義章〉即指出：「先王有至德要道，以順天下，民用和睦，上下無怨。……夫孝，德之本也，教之所由生也。」經末以〈喪親章〉終：「生事愛敬，死事哀戚，生民之本盡矣，死生之義備矣，孝子之事親終矣。」由此可見，孝道在養生送死之後告一段落。這種思想歷兩千五百年而不衰，但在實際行動上，卻是與時俱進。像末章有「三日而食，教民無以死傷生……。喪不過三年，示民

有終也」的指示，到如今誰會自我要求喪親後三天才能進食，居喪期又必須長達三年呢？因此當我推廣殯葬生命教育，而由孝道引入人文課題時，首先必須分辨孝心與孝行。一般而言，行為隨觀念而來，想到才會去做，不做是因為根本沒想到。雖然《孝經・三才章》強調：「夫孝，天之經也，地之義也，民之行也」，但是它是否真是天經地義，科學家有不同的看法。

　　心理學家楊國樞發現：「在傳統的農業社會中，在強烈的家族主義的影響下，為了維護家庭的和諧、團結及延續，晚輩必須要對長輩依順服從，必須要傳宗接代，必須要奉養父母，必須要隨侍父母而不遠遊。在社會化的過程中，要使子女養成這些觀念、意願及行為，便必須提倡一套兼含這些要素的意識型態，這便是孝或孝道。所以，從文化生態學的觀點來看，孝或孝道是一種複雜而精緻的文化設計，其功效在促進家庭的和諧、團結及延續，而也只有這樣的家庭才能有效從事務農的經濟生活與社會生活，達到充分適應宜農的生態環境。孝既有如此重大的功能，其重要性自必超越其他諸德與諸善之上。」（楊國樞，1988：33）他更進一步表示，孝道乃後天逐漸習得，如今必須形成一種適合中國式的現代工商社會的新孝道。

　　說孝道為後天習得也不為過，因為西方人並不重視孝道，於是我們很難把它視為放諸四海皆準的天經地義。不過在今日華人社會開發新孝道，也有其時代意義：「中國式孝道強求子女回報親恩，不問孩子的意願。而美國人不重孝道，只求尊重個人、獨立自主。……中國傳統的『愛必強求』並不好，但美國傳統的『完全不求』也有缺陷。關鍵在上下兩代必須以真情摯愛，重新聯結起來。……將來的父母不再行使權威，代之的是親子之間相互的感激……。對年老的父母來說，子女的孝順並不是一種強制性的義務，而是血濃於水的情份；對子女來說，這是一種成年之後對生命的新意義……。」（余德慧，1991：4：12）這套說法代表孝道是以親情為前提，不必從外在強加

規範，而應自內心自然體現。人類無不講究親情，華人將之發展擴充為孝道，乃是一項文化特色，必須加以正視。

孝道是一種倫理規範，但是探討倫理規範的倫理學，並不見得都屬於規範性質的。倫理學為哲學三大核心分支之一，對內還可以分為三方面：規範倫理學、描述倫理學、後設倫理學。其中規範倫理學充分反映出倫理的規範性，例如傳統上各家各派的道德教誨等，目的則指向躬行實踐。後設倫理學關注於各家規範所使用的概念，對之加以定義並予釐清，以免人們因為領會不同而有所誤解。至於描述倫理學顧名思義乃是對倫理進行描述而非規範，尤其是就異文化的對照看，其中並沒有誰對誰錯的問題。像前述中國人特重孝道，但美國人卻無此要求，即表示某些德性有其脈絡性，並非普遍而必然的人類道德規範。瞭解此點後，我們可以將之引申到殯葬禮儀上面來，強調沒有任何禮儀是基於孝道卻一成不變的；我們大可維繫住孝心但簡化孝行，不必因此覺得不孝。

描述倫理學的成果常出自科學學者而非人文學者之手，像心理學者即相信：「在儒家倫理觀的影響下，一般中國人的孝道德性發展，是沿著以父母利益為中心的孝道觀為始點，而以人類幸福為依歸的仁德觀為終點的程序漸進的。」（葉光輝、楊國樞，1991：109）此外他們也推論：「傳統孝道轉變為現代孝道的方向，大致是從他律取向變為自律取向，從家族取向變為自我取向，從單向獨益變為雙向互益取向；然而，社會變遷中的孝道，有其已變或必變的部分，也有其未變的部分。從社會演化論的觀點而言，經得起社會變遷考驗的部分，或許才是孝道的核心。」（莊耀嘉、楊國樞，1991：141）這些科學分析對人文關懷不無啓發。站在華人立場，我們應當維繫孝道於不墜，但不可陷入泛孝主義或「愚孝」。像殯葬業者假借孝道之名希望喪家多多消費，就必須斷然加以拒絕。只要有「慎終」的孝心，便不致背上「不孝」的指責。

第二節　禮義與禮儀

　　華人殯葬禮儀源遠流長，根據王夫子（2003）的解釋，禮儀乃是人際交往中一整套的程序化行為規範和儀式，而殯葬文化則是人們在殯葬活動中所遵循的行為規範和儀式之總和。他從三個角度對殯葬禮儀加以分類：第一是根據「禮儀所指向的不同對象」，可分為「事死」與「事生」，其中「事死」又分為「事屍」與「事魂」；第二是根據「禮儀起作用的範圍」，分為「治喪程序禮儀」及「治喪個人行為禮儀」；第三是根據「禮儀的時間順序」，分為「殯禮儀」、「葬禮儀」和「時祭禮儀」。王夫子還強調各民族殯葬禮儀的基本精神都是一致的，亦即「人道主義精神」，只是說法不同，在中國便是「孝道」。他也提出殯葬禮儀的三項規定：原則規定為「生死兩相宜」、方針規定為「有所為，有所不為」，氣氛規定則為「莊嚴、寧靜」。

　　上述人道主義的基本精神，即是禮儀背後的禮義。鄭志明對此有所闡述：「臺灣基本上繼承了漢人的禮儀傳統，延續了儒家倫理道德的生活規範，透過慎終追遠的喪葬之禮來教化百姓，鞏固家庭與家族的文化秩序。……喪葬禮俗應以盡哀抒悲為主，繼承了傳統社會教孝報恩的文化功能，更應該隨著社會變遷，符合現代社會文化情境的整體需求，重新建構人與人之間的各種互動關係。……殯葬禮儀不只是外在形式的操作文化而已，而是人類世代相傳的深層心靈智慧，綜合了各種經由死亡所發展的觀念體系與禮儀活動。一般人只關心各種殯葬的具體設備與表現形態，停留在物質的文明形式上，而忽略了其背後的精神文明形式。……應該……積極地展開殯葬教育，……經由教育的管道，豐富了現代社會禮儀文化的傳承活動。」（鄭志明，2000：546-550）我所推行的正是殯葬生命教育，其內涵於結論一章

中再詳細討論。

　　往深一層看，殯葬禮儀在華人社會也並非一體通用，而是各地發展出不同的習俗。因此談改革其實是針對殯葬禮俗而言，徐福全分析道：「禮俗是經過幾千百年之產生、累積、演化、損益而慢慢形成的。由於不同的自然環境、生活條件、歷史淵源，因而不同地區便會產生不同的禮俗。不過若進一步分析，我們會發現不同地區的禮俗，也有他們大同之處，那可能就是禮，而其不同之處，便就是所謂的俗；因此，當前的禮俗學者在分析禮俗一詞時，常說禮是風俗中大同的部分，而俗則是各地小異的部分。」（徐福全，1993：1）對此我主張「大處著眼，小處著手」、「異中求同，同中存異」，也就是說，殯葬生命教育應該掌握殯葬文化的思想主軸加以發揮；一旦在大處能夠正本清源，在小處便能順利推陳出新了。

　　殯葬改革在對傳統禮儀進行移風易俗的努力時，必須就禮俗的問題所在對診下藥，方能事半功倍。問題出處有三：「在我國有關人生的各種禮俗中，古代的喪葬禮俗是最爲繁複多樣的。這是因爲：一是喪葬禮在先秦時代，列爲『五禮』之一的凶禮，是以鬼魂崇拜爲思想基礎的。因此，後來宗教迷信色彩……漸漸充斥其中；二是喪葬禮制的系統化、完整化是由周代儒家完成的，從而喪葬禮儀又具有儒學的人性內涵。……整個喪葬禮俗中的……社會生活成分和迷信成分交織在一起；三是由於喪葬禮是在封建宗法制度下發展起來的，喪葬禮中還充滿著濃厚色彩的家族觀念及其活動內容。」（佟筱夢編，2005：365）瞭解到殯葬禮儀民俗的來龍去脈，我們便能就事論事，尋求改善之道。

　　由上述引文可以歸納出，殯葬生命教育對禮儀民俗需要反思的三個課題：儒家思想、鬼神崇拜、集體主義。簡單地說，對此三者的改革方向分別是：儒道融通、存而不論、殯葬自主。儒家的繁複禮法有必要用道家的自然無爲來稀釋，否則便會濃得化不開；道佛雜糅的民

俗信仰用鬼神之說滿足人心需要，不妨在操作面盡量簡化與淨化；而社會發展到以核心家庭爲主力的今天，也爲當事人自行決定後事的可能提供了契機。華人生死學暨生命教育主張「後科學、非宗教、安生死」的「中國人文自然主義」，以「後現代儒道家」思想爲核心價值；將之用於殯葬，便是把「愼終追遠」和「反璞歸眞」的精神融於一爐，在實際作爲上體現出「有爲有守，無過與不及」的理想。殯葬是每個人自己的事，自己做好妥善決定，由別人代勞完成，這才是殯葬服務的眞義。

第三節　節葬與潔葬

在一片殯葬改革的呼聲中，「節葬」與「潔葬」是可以立即著手改善的。葬式雖然於前章已列爲遺體處理課題討論過，但在臺灣它同時也受到禮儀民俗的影響甚大，我乃再把它提出來多所反思。首先談「節葬」，經濟學者陶在樸通過「死亡經濟」的分析發現：「根據業者經驗，全部的喪葬費用可分爲三大部份：第一部份包括出殯日行陣頭往返之各種費用；第二部份包括壽衣、壽板、墓地費；第三部份則爲喪宴、回禮等。……在那些收入低於平均水準的……家庭，如果往生者採用……土葬，全部喪葬費用大約……是他們全年最終消費支出的1.6倍，而且超過他們的全部所得。如果採用火葬，其全部喪葬支出也要佔去最終消費的50%以上。……喪葬費……要花去全部收入，這應該引起我們每個人的關注。」（陶在樸，1999：140-141）雖然這並非普遍現象，但是臺灣殯葬費用過高，卻是不爭的事實。

陶在樸所指，低收入戶辦喪事的花費有可能超過全部所得，不免令人吃驚，但仔細考察，便會發現當中其實有很大的彈性。以目前的行情看，土葬至少四、五十萬元、火化塔葬大約二、三十萬元，但火

化樹葬或海葬卻只需兩、三萬元。差別在那裡？就在殯葬禮儀和墓地塔位的軟硬體費用。像臺北市殯儀館每週四上午均舉辦「聯合奠祭」活動，市民去世使用這種服務完全免費，頂多找業者處理入殮、火化、回禮等事宜，包括買一口火化用薄棺，如果是紙棺只要幾千元。完事若要實施樹葬或海葬等自然葬法，在政府鼓勵下依然享有免費待遇，前後有可能不超過兩萬元，何樂而不為？問題就出在消費者的觀念沒有調整過來，加上業者也不願意配合推廣，否則就沒賺頭了。但我是在推廣殯葬生命教育，所以非要把話講清楚、說明白不可！

　　由於臺灣地狹人稠，使得政府積極透過政策來限制土葬、鼓勵火葬，如今火化率已達於七成；這比起美國和大陸都來得高，但與日本的幾乎百分之百相較，仍有很大開發餘地。日本經驗非常值得我們學習，尤其是自然葬：「日本人沒有……一個明確的宗教，所以自然葬在日本才有發展，……實施自然葬的先決條件為火葬，擁有世界火葬率第一位頭銜的日本，正提供了自然葬的最好背景。至今一直由葬儀業所主導的葬送禮儀，也由於自然葬及生前契約所帶來的潮流，變得更多樣化了。……現今的日本社會，從過世到出殯的期間平均僅約三天，而且有愈漸縮短的傾向。……一般人被要求在很短的時間內必須從悲傷中脫離，而儘速回歸社會。」（尤銘煌，2003：110-111）想想古人守喪期三年，如今臺灣人辦喪事約三週，日本人卻只花三天，便知道事在人為，沒有什麼是不可能的。

　　至於推行「潔葬」，主張環保自然葬的學者提出五點理由反對火化塔葬：「1.民間一窩風地搶建納骨塔，不當的整地與破壞山坡地，對環境造成相當負面的破壞與影響。2.現行納骨塔無法建立一種和土地親近的感覺，無法符合一向講求的『入土為安』的傳統價值觀。3.為了吸引消費者，從中獲取暴利，興建的納骨塔相當氣派與講究，耗費大量的人力與物力來維護，且與傳統葬禮，回歸自然及儉樸的精神不合。4.現行的納骨設施，大都未脫以傳統的寺廟的空間型態，以封

閉式的空間，將遺骨集中處理，基本上是一種『寄存』的意義，達不到傳統再三強調化歸自然，達到『安葬』的目的。5.納骨塔大部分在脆弱的山坡地興建較多，不僅破壞水土保持，同時對原本自然景觀帶來負面的視覺衝擊，而有極端不協調之感。」（黃有志，2002：84）這是相當深入的觀察與中肯的建言。

　　落實「節葬」與「潔葬」的具體作法，正是實施樹葬或海葬等形式的「環保自然葬」，這點需要政府與民間齊心協力，積極從事心靈重建與觀念更新。為親人料理後事無疑是傷心事，悲傷的心靈有待加以純化和淨化，而非用道德訴求包裝商業行為對消費者趁虛而入。但是在民主自由社會，我們不能用非法手段斷人財路，只得一方面要求貫徹執法，一方面推動殯葬教育。教育是為宣揚簡樸觀念、促進殯葬自主，這些都是〈殯葬管理條例〉總說明所揭示的理想與精神：「為配合建設臺灣為綠色矽島之願景，應在人文生態、知識經濟發展及社會公義之架構理念下，規範殯葬設施、殯葬服務及殯葬行為。……兼顧殯葬方式多元化及規劃人性化、綠美化；……及賦予亡故者在世時對殯葬儀式之自主權等，均應以法律予以明文。」而本書在追求「社會公義」之外，更強調「人文關懷」的重要。

第四節　無後顧之憂

　　作為殯葬生命教育專論篇章的最後一節，我嘗試用統整的觀點，對本篇以及全書作一番回顧與反思。我在寫作本書一以貫之的核心價值，也是我認為並且主張殯葬業必須為消費者創造的價值，那便是「無後顧之憂」。殯葬處理的是人們身後之事，人死後一切只能讓後人去料理。但是人類文明的一大特色，即為用語言文字表達意見，這使得一個人生前可以很從容地交代後事，讓自己及家人均無後顧之憂。

　　像我寫這本書也是在用文字傳達理念，出版後必定有人贊同、有人反對，但是閱讀也像言說一樣，是在進行溝通。本書屬於在以漢民族為主的華人社會，宣導一套「局部知識」的努力，對少數民族的作用不大，更沒有「放諸四海皆準」的必要。我生為華人，身處臺灣社會，只能從臺灣經驗寫起。但我也同時希望將自己近年所發展的「華人生死學暨生命教育」理念與實踐，推廣到其他華人世界去，這便是我從事教職並持續寫作的理想與信念。

　　我學哲學，不贊成「唯心論」或「觀念論」，自認是「常識實在論者」。但是根據自身體驗發現，一個人的想法，會深深影響及他的作法。簡單地說，想到有可能會去做，不做則因為根本沒想到。教育至少必須讓人「啟蒙」和「認知」；生命教育通過認知去啟蒙，並進一步開創情意的效果；殯葬生命教育更深入生命的底層，要求人們逼視自身的死亡，同時學會慎重交代後事。後事不是小事情，卻可以十分簡單和節省。就像生孩子那般自然而然，人死也應該順其自然。偏偏在工商業社會裡，料理後事已經被過度商品化，還包裝著道德的外衣，且製造出溫情的氛圍。這些在臺灣幾達走火入魔的地步，大陸則方興未艾。我推廣殯葬生命教育，正是為了移風易俗、推陳出新，讓殯葬活動盡量體現出「公益」性的「公義」理想。

　　人心有感性、理性、悟性三層次，對照出常識、知識、智慧三境界；本篇所處理的自然、社會、人文三方課題，正好可作如是觀。人死留下待處理的遺體、家屬產生不捨之情，都屬於自然而然的常識面，用感性的美化方式去劃上完美的圓，一切自然地適可而止。辦告別式、提供殯葬服務是禮儀師的社會職能，必須擁有專業知識，並通過理性的經濟分析與績效管理，方能使消費者量入為出、業者永續發展。而擁有悠久歷史的傳統禮儀民俗，則可以在保留人文精神之際，通過反身而誠的大徹大悟，對一切產生放下、捨得的大智大慧。這些教育目標著實不容易達成，但一步一腳印的努力，還是有可能創造潛

移默化的效果。何況我並非在痴人說夢，事實上，殯葬生命教育整個理念與理想，都已充分反映在〈殯葬管理條例〉之中了。

在現實環境中，殯葬是一門行業，它除了必須進行內部的組織管理外，還不時要有效安頓遺體處理和禮儀民俗的外部業務。這也是我一向主張殯葬專業教育應納入管理教育而非人文教育的原因，至於殯葬通識教育則屬理所當然的人文教育；專業與通識教育相輔相成，構成了提升全民素質的生命教育。究竟殯葬生命教育想推廣什麼理念？讓我用一則行銷管理的例子來加以說明。在一個銷售精密工具的商展會場中，許多賣鑽頭的廠商都聲稱自己生產的鑽子是如何的準確精密，但有一家的行銷手法讓人印象深刻，因為他們強調自己賣的不只是鑽頭，更是顧客需要的完美的「洞」。鑽頭用來鑽洞大家都瞭解，但行銷的高明處就在於為消費者創造價值。客戶上門固然是來買鑽頭，但是他們真正想買的是鑽出來的洞。殯葬業除了買墓地塔位和禮儀服務外，更重要的是為消費者帶來「無後顧之憂」的安全感。

人生在世無不希望壽終正寢，但仍難免遭逢旦夕禍福；果真發生意外，在臺灣還有可能碰上不肖業者搶奪遺體情事。〈條例〉第五十四條的說明便載有：「監察院關心殯葬業者常至意外事件發生現場搶奪屍體，變相延攬生意，曾建議於研擬殯葬管理新法時，將上開問題納入考量解決。」但搶遺體現象至今仍層出不窮。此外有越來越多醫院將太平間承包給殯葬業者經營，卻形成變相壟斷，也是亟待改善的問題。凡此種種，都為當事人及其家屬帶來沉重的後顧隱憂，雖然可以用購買生前契約預作防範，但更重要的應該是先寫下遺囑以交代後事。殯葬生命教育如果是用修習「生死學」上課方式講授，把寫遺囑當作業的規定不可少。「與其亡羊補牢，不如未雨綢繆」，這便是「無後顧之憂」的真義。

結語

　　殯葬生命教育的人文課題討論禮儀民俗，在臺灣有其迫切而特殊的需要，因為臺灣無論禮儀還是民俗，都亟待作成重大改革。問題癥結出在商業化和宗教化，解決之道唯有走向公益化及人文化。生老病死是人生自然樣態，老、病、死雖然躲不掉，但還是可以預作規劃，尤其是靠政府的力量防患於未然，讓人無後顧之憂。如今老人福利、全民健保都已成為官方政策得以落實，我則希望通過教育管道，推廣普及環保自然葬的重大政策。臺灣人口密度在世界上數一數二，卻受「入土為安」的傳統觀念及「火化塔葬」的產品促銷影響，始終擺脫不掉活人與死人爭地的窘境。我建議採用溫馨告別式加上自然葬法，相信可以讓每個人活得實實在在、死得乾乾淨淨。請大家深思熟慮，並且身體力行。

課後反思

1. 一般人總認為孝道是「天之經、地之義、民之行、德之本」，不敢逾越造次，科學家卻指出它不過屬於一時一地的文化設計產物。請問你如何調適這種極端看法？

2. 目前臺灣的殯葬禮儀民俗，糾纏了儒家思想、鬼神信仰、集體主義等各種價值系統，令人不明究裡卻又不敢質疑。請問你覺得應該怎樣打破這些不合時宜的迷思？

3. 臺灣的火化塔葬和土葬動輒花費二、三十萬及四、五十萬元以上，選擇環保自然葬卻僅需兩、三萬元，但如此一來殯葬業就沒生意可做了。請問你認為業者該如何改弦更張以從善如流？

4. 殯葬生命教育包含自然、社會、人文三方面的課題，我主張實踐自然環保、社會公義、人文關懷，為社會大眾創造「無後顧之憂」的殯葬價值。請對此加以評論。

心靈會客室

人死如燈滅

最近新聞報導一位舞蹈藝術家羅曼菲英年早逝的消息，媒體肯定她是抗癌鬥士，我更欣賞她對殯葬改革的躬行實踐。她在生前指示不發訃文、不辦告別式，遺體在老家宜蘭火化後，將骨灰帶往習舞的紐約去樹葬，多麼豁達瀟脫！這使我想起五年前有位罹癌女作家曹又方為自己舉辦「生前告別式」，並要求樹葬，引起社會一陣驚嘆。她後來抗癌成功，至今仍健在。我覺得她若是願意站出來，成為殯葬改革的代言人，將會多麼有說服力！在這方面，臺北市長馬英九的尊翁馬鶴凌老先生簡樸的禮儀程序，原本也可以成為人們表率，但是到頭來仍花了兩萬元買骨灰罐、一萬元進入富德公墓的塔位，卻捨棄旁邊免費的樹葬專區不用，多少予人未能盡善盡美之感。不過媒體報導這些名人的另類喪葬作法，還是會對人們產生潛移默化效果的。

對照地看，臺灣首富郭台銘的愛妻也是英年去世，花三億購置的捷克城堡無緣享受，連在臺北近郊打造的紀念墓園，也因土地買賣糾紛，遭原地主築牆封路，可謂入土不安。此外如前任首富蔡萬霖離世後，家族在北部海濱買了一座山頭，造大墓辦厚葬，卻被政府以墓基過大連續罰款百萬以上。當然有錢人不怕罰，但這又是一樁殯葬生命教育的負面教材。身為多年來積極推廣殯葬改革的生命教育教師，我努力反身而誠，從自己的體驗出發，得到的結論就是「人死如燈滅」，再簡單明瞭不過了！記得有一回學生問我，死前最後一句話要說什麼？過去我會講：「我先走了，你們隨後來啊！」近年我仔細想，人死了走到哪兒去？根本沒有去哪兒的問題，而是一了百了，澈底消失無蹤。這點不免令人有些焦慮，但認真考量自己生前也是

一樣無影無蹤，也就為之釋然了。

　　有些人會相信自己的存在有著必然的意義，我卻認定自己來到世上純屬偶然。因為年逾八九的老母每次都會告訴我，我前面有一個哥哥小產，所以她和父親才決定再接再屬生下我。我自忖，如果哥哥出生了，也就沒有人會叫他哥哥，而眼前這些白紙黑字也不會浮現，一切都不是現在這麼一回事。我自偶然中降臨人世，卻同時為我帶來創造意義的機會。我從十五歲開始反思生命的意義和價值，到如今五十三歲仍未改初衷，始終認定「人死如燈滅」，但是只要活著就可以發光發熱。我覺得人生在世走一遭儘夠了，不必寄望後面怎樣，否則會徒增煩惱。基於此一信念，我主張負責任的作法即是殯葬自主。捐贈大體不失為剩餘價值的利用，利用完以後化作灰燼到處揮灑，不也是很痛快的事情嗎？

第十一章

從臺灣殯葬教育
到華人殯葬教育

摘要

　　本章作為全書的結論，首先檢視兩岸殯葬教育的異同，再進一步提出結合二者以轉化成華人殯葬教育的可能。大陸的正規殯葬專業教育已有十餘年歷史，從中專發展到大專，正在穩定成長，畢業生遍布全國，影響深遠。相對地，臺灣的殯葬教育性質仍不夠正規，多屬殯葬從業人員的短期回流教育訓練。不過通識教育方面，由於生死學在臺灣蔚為流行，大學中更普遍開課，談生論死的風氣較大陸先進許多。本章建議以優勢互補的方式，將兩岸優點結合轉化成華人殯葬教育，重點在於引介華人殯葬管理的理念，並加以落實。殯葬管理在本質上屬於公益性服務業管理，即使步向產業化，也不能失去人道關懷的理想。此外我也提出以美感體驗涵蓋宗教活動的可能，以化解哀傷情緒，同時改善殯葬亂象。

引　言

作為全書的結論章節，我想放寬視野，討論有關華人殯葬教育的議題。本書所引介的殯葬生命教育，雖然主要著眼於臺灣一處，但是卻希望能夠對兩岸四地甚至全球華人社會的殯葬改革有所啓發和助益。人皆有死，殯葬是處理死人最直接甚至唯一的途徑；對任何人而言，非但不可謂事不關己，更必須說息息相關。問題出在華人普遍抱有死亡禁忌，非等事到臨頭不去接觸它，甚至連談論也避之唯恐不及，結果導致在為親友善後時手忙腳亂、不知所措。我有鑑於此，乃嘗試通過生命教育管道，為人們進行心理建設和精神武裝，以瞭解死亡、正視殯葬，進而改善生活、豐富生命。殯葬教育屬於生死教育的一環，而生死教育則是生命教育的三大核心取向之一；換言之，殯葬教育也是一種生命教育。本書正是基於這種觀點和立場來撰寫的。

第一節　大陸殯葬教育的建構

「殯」指殯儀，「葬」為墓葬，也就是人死後所進行的儀式化安葬活動，其歷史十分久遠，幾與人類文明同步。但是殯葬形成為一門行業，卻是相當晚近的事情。先說一個類似的例子——護理；「護理」原指母親對子女的養育及對家人的照料，後來引申至對所有病人的關心照顧，至十九世紀中葉由南丁格爾在戰場上發展而成一門助人專業。同樣情形，殯葬原先只是為家人的死亡善後，頂多擴及至鄉里居民的互助行動，直到美國南北戰爭以後，才由大量運送陣亡戰士返鄉的遺體處理中，發展成為另外一門助人專業。雖然殯葬專業目前在社

會上所受待遇，與護理專業相較落差甚大，但是我認為殯葬專業化最值得效法的還是護理。護理由女性手藝走向保健專業，靠的就是過去一個半世紀的正規教育訓練，到如今從專科部至博士班都已齊備；殯葬若想更上層樓，勢必得從教育正式化、正規化著手。

在華人社會，作為一門保守落後行業的殯葬，始終走的是父死子繼、師徒相授的非正式教育途徑，過去與其類似的乃是中醫。中醫在上個世紀中葉兩岸分治後，各自發展出有系統的學校教育體制，使得中醫專業至今不但步上正軌，且為消費者普遍信賴接受。反觀殯葬，在美國於十九世紀下半葉，即已開設學校及頒授專業證照；如今更普設大學科系，約有六十幾所。但是華人世界卻遲至1995年始見大陸成立正式教學單位，當時還只是高職水平的中專。長沙民政學校於1999年升格為職業技術學院，下設殯儀系，是中國唯一大專層級的正規殯葬科系。該系在2005年10月中，為創系十週年舉辦慶祝活動及學術研討會，臺灣的殯葬教育工作者幾乎全部到齊，頗有渡海取經的意味。事實上，兩岸學者彼此的交流已相當頻繁，反映出未來在教育合作上有著更多的可能。

在殯儀系創立十週年的專刊中，系主任王夫子接受訪問，提出了他的辦學心得。他在課程與教學方面有四點體會：「1.根據殯葬行業的需要設置課程和專業——殯葬教育是職業教育，其辦學指導思想是：『以服務為宗旨，以就業為導向，走產、學、研結合之路。』……2.培養學生的職業技能——殯儀學生必須熟悉殯葬服務過程中的各環節的具體操作技能。這些方面，我們正在推行職業技能等級證書制度……。3.強化職業意識和心理素質——殯葬是一個比較特殊的行業領域，殯儀學生將來要面對社會輿論，面對屍體等許多非良性的刺激，他對自己所從事的行業應當有相當的理性認知與心理準備。……4.積極進行專業教材建設和行業理論研究，走產、學、研結合之路——我們作為教學單位，與全國各地的殯儀館建立了緊密的聯繫。……

中國的殯葬教育從前是一塊空白。既無教材,更談不上殯葬理論專著,我們自己動手編教材,並培訓自己的師資。」(李建鳳,2005:10-13)

至於在實務與就業方面,王夫子也有獨到的作法:「5.重視實習基地的建設──一是教學見習,即在教學之間送學生去殯儀館看一看操作過程。二是畢業實習,在第五學期進行,即到殯儀館去做,工作、吃住都在那裡,為期六、七週左右。……6.重視學生的社會實踐活動──社會實踐是鍛鍊學生的行為能力、接觸社會的一個重要環節。對此,我們分別給予組織、指導。……7.抓好就業環節──學生就業是辦職業教育非常重要的一環。我們從一開始就非常關注畢業生的就業推薦工作。……8.積極展開行業交流──我們先後舉辦了一些殯葬行業的理論研討會,以加強海內外的行業交流。前來參加的,一是殯葬業者,二是殯葬學者(有時稱『生死學』,以避諱)。我們通過這些交流以交流並吸收新信息、新知識,同時也加深了相互的友誼,提高自信心。」(李建鳳,2005:14-21)

長沙民政職業技術學院殯儀系,為學生開設了四個專業方向:防腐整容、殯葬設備、陵園設計與管理、殯儀服務,從遺體處理、硬體管理到軟體服務一應俱全。大陸主管全國殯葬事務的民政部殯葬事業管理處前處長張洪昌,對殯儀系的四大專業有所評價與肯定:「教育的目的是要讓所有的殯葬職工都明白我們所從事的是一個為『生命』服務的行業,讓他們理解『死亡』是人的生命過程,遺體也應該享受尊嚴!……我們這個行業的體制主要是事業單位,事業單位都不願意使用……成本高的設備,如果你們學院能夠……研究出……一種成本相對低一些、效果又好一些,能夠達到國際同類產品標準的設備,那就非常好了!……陵園設計與管理、殯儀服務這兩個專業,我認為你們是非常務實的。……這就是說,你們學院有這個專業是非常正確的。」(李建鳳,2005:54-55)這些專業設置,也正是臺灣殯葬教育

可以努力開發的方向。

第二節　臺灣殯葬教育的建構

　　殯葬教育作為一門助人專業教育，最好的參照對象即是護理教育。臺灣的護理教育自2005年起已全面提升至專科以上水平，而殯葬服務專業人員「禮儀師」的學力要求也是大專以上程度。因此我在本章以及全書所討論的殯葬教育和殯葬生命教育，都是指專科層級以上的成人教育；即使包括五專生，也指十八歲以上的四、五年級學生，而非前三年的「後期中等教育」。我不建議對十八歲以下的未成年人，過早實施殯葬專業教育；即使是通識教育，也只能列為生死教育或生命教育的一項課題講授，以免引起學生家長不必要的誤解。至於十八歲以上的成年人，由於已經具有行為自主能力，我便主張應該積極宣導推廣殯葬通識教育，並且開設正規殯葬科系，以真正落實專業教育。在這兩方面，臺灣與大陸呈現出相反的落差。

　　臺灣的殯葬通識教育，是放在生死教育當中來推動的。以「生死學」或類似名稱的通識科目，早在1993年傅偉勳的生死學專書一經出版，便有大學開設相關課程，至今已具十餘年歷史。臺灣一百六十幾所大專校院，起碼有半數學校出現過此類課程；在其中討論殯葬課題，甚至讓學生撰寫遺囑或墓誌銘，都會引起正面肯定及迴響。相形之下，大陸各大學中，類似臺灣通識教育的文化素質教育課程內，便鮮見與死亡議題相關的科目，整個社會上也無甚談生論死的風氣，倒是學生自殺案件頻頻發生。兩岸殯葬通識教育出現極大落差，卻在專業教育方面完全逆轉。大陸的殯儀系自1999年正式招收大專生，臺灣則從1998年起開始推動設立殯葬專業科系，結果走了八年仍在原地踏步，社會上保守心態所造成的各種阻力，反映出蓽路藍縷的辛苦。

　　本書寫作意在推動以微觀的生命教育和宏觀的素質教育爲核心價值的殯葬專業及通識教育。由於通識教育於臺灣行之有年，內容已稱豐富，我乃嘗試在專業教育方面多提出一些看法，希望有助於促成設系。首次推動設系的是南華管理學院，該校於1998年9月舉辦「殯葬管理科系規劃研討會」，我曾建議在人文性質的「生死學研究所」之外，另行設立殯葬管理取向的「生死管理學系」。幾經努力，2001年竟意外獲得教育部核准成立，不料僅曇花一現運作一年，次年即被收編爲系所合一的「生死學系」，回返人文屬性的原點。當時推動設系的學者鍥而不捨，又轉移陣地到致理技術學院，於2002年10月舉辦「生命事業管理系申請暨生命教育研討會」，準備以「生命事業管理系」爲名另起爐灶，這回卻被教育部打了回票，以致功虧一簣。

　　目前在一般或技職大學校院設系的作法已經打住，改由隔空教學的空中大學入手。基於有教無類的宗旨與服務社會的需要，加上過去開授「生死學」及「臨終關懷與實務」兩科所造成的選修熱潮和空前盛況，空大評估設立一套完整殯葬學程來授課相當可行，乃由生活科學系主導，在大學附設的專科進修學校內增設「生命事業管理科」。但是考量源自日本的「生命事業」一辭，原本涵蓋「冠、婚、喪、祭」四大生命禮儀，而生活科學系原本即與家政學淵源深厚，乃將「生命事業管理科」定位爲兼授「婚、喪」相關禮儀活動及管理的科系，下設「家庭慶典規劃」與「殯葬管理」二組，採分組招生教學方式辦理，預定自2007年秋季起正式上課。回想殯葬專業科系設立過程一路走來，可謂困難險阻不斷。但是只要能夠對提升專業水準、改善服務品質有所助益，再多的辛苦也是值得的。

　　不過話說回來，在臺灣開創殯葬科系，仍有一定的風險要承擔，那便是行業性質特殊與規模經濟限制。大陸每年死亡人口超過八百五十萬人，目前只靠一所殯儀系培養出來的大專人才，便足以因應各地公立殯儀館的管理人才需要。臺灣死亡人口僅十四萬人，公立殯葬機

構的人力需求有限，勢必要民間從業人員有心向學，專業科系才辦得下去。目前最能夠讓業者投身學習的誘因，就是政府「禮儀師」證書的考授。禮儀師證照制度自2002年寫入法條以來，便帶動不少大學開設推廣教育性質的「殯葬管理研習班」，其中南華、華梵二校更設立八十學分的二專學程。但是政府考授禮儀師牽涉甚廣，目前連相關的〈禮儀師法〉都未出爐，一切仍停留在協商階段。如果大學校院設立殯葬專業科系要想永續經營，勢必得有更堅實的利基來支撐，我認為「華人殯葬管理」將是未來大有可為的耕耘園地。

第三節　華人殯葬教育的轉化

　　所謂「華人殯葬管理」，即是將殯葬事業經營的視野，放大到整個華人社會，尤其是大陸，而非僅局限於臺灣一地。大陸也有一份較臺灣還要早五年頒布施行的〈殯葬管理條例〉，其中第八條第二款載有：「利用外資建設殯葬設施，經省、自治區、直轄市人民政府民政部門審核同意後，報國務院民政部門審批。」所指「殯葬設施」，包括殯儀館、火葬場、骨灰堂、公墓、殯儀服務站等。根據民政部殯葬事業管理處前任處長張洪昌在2005年的說法：「將頒布的新的殯葬管理條例中，將初步擬定一條，引入外資發展殯葬事業，允許社會力量投資經營，但是，政府在宏觀上給予調控，並在重要環節加以控制和管理。比如說，火化這個環節由國家公務員直接管理，其他部門可引入社會力量進行直接經營。」（李建鳳，2005：58）市場一旦開放，將予臺商極大發揮空間，這正是我所強調的華人殯葬管理可以著力之處。

　　我們不妨把殯葬視為與醫療、護理一般的民生必需助人專業，服務面涵蓋所有的社會大眾。但是殯葬與醫護畢竟還是有一點根本性的

不同，那便是人一生會有不少生病的時刻，卻只死一次。換言之，醫護業只要不陷入惡性競爭，在較小範圍內或單一地區，就能永續經營發展；而殯葬業要想做大，唯有以量取勝，讓覆蓋面盡量遍布各地，始能立於不敗之地。臺灣近年出生率迅速遞減，人口成長逐漸由正轉負，加上明顯趨於高齡化，使得殯葬業一時雖稱看好；但就長遠而言，仍應未雨綢繆，早日進軍大陸。大陸與臺灣同文同種，殯葬文化也通行無礙，一旦大陸市場開放，臺灣業者具有相當高的競爭優勢，以利進入市場。要想到大陸去經營事業，必須先做好組織管理，這就需要充實的管理教育。殯葬專業教育應以管理教育為核心、人文與科學教育為助力，方能面面俱顧，無所偏廢。

本書主張將大陸與臺灣殯葬教育的優勢加以統整，使之互補互利，進而建構有可能適用於兩岸四地以及星馬等國的「華人殯葬教育」。華人殯葬教育以中華本土文化為核心價值、在地禮儀民俗為內容特色、華人殯葬管理為發展目標，表現為一套「異中求同，同中存異」的專業教育理念與實踐系統。臺灣的殯葬教育仍以禮儀民俗為主，大陸的殯葬教育也以文化類課程居多（李慧萍，2005）。但是值得一提的是，內地對陵園設計的重視。陵園即是公墓，臺灣除少數公營公墓和幾家大型民間業者經營的墓園，表現出有系統地規劃外，其實最好的也只能說整齊劃一而已。在這方面，大陸已走向藝術表現的形式。就像歐美國家的景觀墓園一樣，人們走進去只覺親切可愛而非陰森可怕。本書提倡環保自然葬，懷抱著將現行的立碑墓區逐漸改建為樹葬園區的理想。樹葬園區以樹代碑，再從事景觀設計，如此將形成為很好的生命教育基地。

華人殯葬教育在本質上屬於華人生命教育。生命教育的最終理想是為維繫生存、改善生活、發揚生命，它離不開生活，更緊緊關係著生存。生命教育在臺灣是為打破分科教育而推行的全人格教育，正如素質教育在大陸是為打破應試教育而設計的全方位教育。生命教育雖

然於1998年由臺灣開始正式推動，但早在1918年，即有教育學家陶行知在南京倡導「生活教育」。他解釋說：「生活教育是生活所原有，生活所自營，生活所必需的教育。教育的根本意義是生活之變化。生活無時不變即生活無時不含有教育的意義。因此，我們可以說：『生活即教育』。」（陶行知，2003：857）如果我們把生活視為生命的如實體現，則生命教育與生活教育便有相通之處；而中國教育界前輩的著述，也有許多值得令人取法學習的精彩內容，像蔡元培的〈以美育代宗教說〉便是一例。

　　生命教育在臺灣相當西化，其源頭即是西方的宗教教育。此外我們的殯葬教育也始終糾纏於禮儀民俗，其中宗教氛圍濃得化不開。要想建構具有華人生命教育意義的華人殯葬教育，淡化宗教色彩乃是不可或缺的重要步驟。淡化不是反對，宗教原本即屬「信不信由你」的個人私事，沒有反對不反對的問題，在教育上則應該盡量存而不論；即使要討論，也以宗教現象為主。就生命教育而言，我的作法是針對宗教信仰提出平行論述，例如以儒家的人文關懷和道家的自然態度所融會的現世主義人生觀，來對應於各宗教系統的超越主義人生觀。現世主義可以有入世、出世、避世等選擇，但終究扣緊此生而論，沒有什麼生前死後的許諾。相反地，各宗教系統無不提出有關「死後生命」的許諾，如此便造成殯葬活動的多樣雜陳。我發現蔡元培「以美育代宗教」的觀點頗具啓發性，乃視為華人殯葬教育的重要展望。

第四節　華人殯葬教育的展望

　　華人殯葬教育的未來展望，是擺脫現行官方與部分民間生命教育的宗教教育路線，代以美感教育途徑，以美感體驗涵化對神聖境界的嚮往。生命與生活原本即具有十足的世俗性，尤其在現今，我們更無

法超然於物外。但是世俗並不必然要走向庸俗，反而更可以追求脫俗，美感的培養與創造便是一條可取的路徑。宗教學者有如下的說法：「所謂生命教育，應該是指透過學習，漸進地提升生命的質素。這生命的質素，應該是從我們日常的起居的活動中表現出來。……特別是宗教的生活質素，可以讓人透過生命、心靈境界的提升，達到救贖的目標，解決苦、罪、孤獨、死亡的問題。……宗教是應人要克服……人生的負面現象（現實）而生起的……。倘若人生沒有這些所謂宗教的契機，則宗教便沒有存在的必要了。」（吳汝鈞，2005：11-14）我認為這些「宗教的契機」，其實不一定要用宗教信仰來觀照和解決，人生信念同樣得以為功。

佛教講離苦得樂，基督宗教講通過信仰得以贖罪，這些乃是古代印度及希伯萊偉大心靈的產物，站在現今華人世界，我們可以欣賞，但不一定要認同。至於像孤獨和死亡等問題，中國賢哲也不見得一定把它們視為人生的負面現象。「萬物靜觀皆自得」，正反映出一種獨處之樂；死生齊觀，更打破了人們貪生怕死的迷思。這其中都有著審美的旨趣，值得我們細細品味。蔡元培嘗謂：「如祝壽、會葬之儀，在學理上了無價值，然戚友既以請帖、訃文相招，勢不能不循例參加，藉通情愫。」（蔡元培，2003：738）他認為宗教信仰所帶來的繁文縟節已不合時宜，大可用審美的情感作用，逐漸淡化宗教的影響，以回歸身心的純淨。他尤其反對將儒家神聖化為儒教。這些雖然是七、八十年前的見解，至今猶對我們有所啓迪和助益。

簡單地說，我認為華人殯葬教育在未來要能順利推廣普及，兩岸必須先找到交集，並共同奠定論述的基礎；此一基礎即是「華人生死學暨生命教育」。華人生命教育主張「後科學、非宗教、安生死」，以融會儒道二家思想的「後現代儒道家」，作為安身立命的人生觀。其中儒家人文關懷用以安頓社會倫理，道家自然境界作為反映生活美感。這種社會倫理學和生活美學，可以在西方當代思潮中找到同道，

邢便是關懷倫理學和存在美學。存在主義點出生命與生活特徵：「沒有任何一個選擇可以一勞永逸的把人的天性確定，因此也就沒有任何『一個』選擇可以確定人類在世界存在的意義。……因為生命是多重歧義性的……。這就是存在主義者為什麼常用文學來表達他的哲學……。存在主義者認為只有藝術的繁富才能表達生命本身的繁富多重性。」（孟祥森譯，1978：144）我寄望生命教育既是「生命的學問」，也是「生活的藝術」。

占世界五分之一人口的中華民族中，有九成屬於漢族，漢民族的特色之一便是不信教。不信教的人不必反對別人信教，更應該懂得欣賞「信教」這件事。「信教」具有相當豐富的美學意義；蔡元培更指出，人類文明中大多數藝術作品的靈感泉源，都來自宗教信仰。在宗教氛圍深厚的文化系統中，美感體驗也許只是神聖經驗的一部分；但是在宗教現象駁雜、宗教信仰淡薄的中華文化脈絡內，少數人嚮往的神聖意境，則可以納入更大範圍的審美世界去玩味。這也正是我肯定並推廣遺體化妝美容的原因。把遺體打扮得漂漂亮亮的，無疑能夠帶給家屬及親友很大的安慰。此外火化樹葬或海葬，更有一種海闊天空的豁達開朗之美。而將樹葬區美化成花園和公園，不也是為人間添增一份美感的務實作法嗎？華人殯葬教育從而認同「以美育取代宗教」的理念，並鼓勵人們將之落實於殯葬活動中。

臺灣的殯葬亂象，有許多源自一些似是而非、積非成是的擬似宗教說法，讓社會大眾盲從相信，更以訛傳訛，不肖業者則用之誆陷消費者。殯葬生命教育的目的便是撥亂反正、移風易俗；正本清源、推陳出新。世上真正的宗教信仰，乃是持續安定人心、坦然接納死亡的偉大力量。這種力量在中華文化內，也可以藉著儒道二家的人生信念充分體現。從一個人面對及處理家人與自身死亡的態度，可以看出他的人生觀是否整全。華人殯葬教育在華人生死學暨生命教育信念的支撐下，希望為殯葬專業及通識教育賦與世間人情的真實、完善、悅美

三重境界，但不主張強調所謂「死後生命」。人死無需對死後世界與死後生命寄與任何期望，否則就不應該死去；既然死了，那些寄望也隨之煙消雲散。從事殯葬工作的業者，以及接受殯葬服務的消費者，都必須對這些簡單道理了然於心才是。

結　語

　　殯葬是一種涉及歷史社會文化脈絡極深的活動，各地呈現出不一樣的情況，難以一概而論。但是我們仍然可以用「異中求同，同中存異」的方式，對之加以考察探究，進而形成對應的教育訓練，藉以承先啟後、繼往開來。臺灣及大陸的殯葬教育無疑都有其在地性，然而二者均以中華文化為根本也是不爭的事實。本章分別檢視兩岸殯葬教育之種種，再進一步提出結合二者並轉化為華人殯葬教育的可能。華人殯葬教育以華人生死學暨生命教育為基礎，其目的則為落實華人殯葬管理。殯葬是一門正在朝向專業化邁進的服務性行業，覆蓋面遍及所有社會大眾。殯葬教育應體現生命教育的精神，分為專業教育和通識教育雙管齊下，以培養業者的管理職能與消費者的生死意識。人死即回歸自然，彷彿回家一般；因此對業者和消費者而言，殯葬教育與管理所追求的最高意境，都是「賓至如歸」。

課後反思

1. 大陸的殯葬教育設計了四個專業方向：防腐整容、殯葬設備、陵園設計與管理、殯儀服務，臺灣大多只集中在最後一項。請問我們有沒有必要強化其他三項教學方向？

2. 臺灣的正規殯葬教育遲遲未能起步，倒是以生死學為內容的通識生命教育蔚為流行，大學生也不忌諱談生論死。請問我們如何藉此開創殯葬專業教育的契機？

3. 結合兩岸優勢互補的華人殯葬教育，主張以中華本土文化為核心價值、在地禮儀民俗為內容特色、華人殯葬管理為發展目標。請對此加以評論。

4. 華人殯葬教育希望發展出一套有關生死信念的美學觀，藉以涵蓋甚至消融以漢民族為主的華人宗教經驗。請以自己的體驗，反思如此是否可行？

心靈會客室

歸去來兮

　　教生死學十年以上，不免會被學生詢及死亡態度的問題，我一向都是輕鬆以對。有回學生問我，臨終前最後一句話想說什麼？我直覺地答以：「我先走了，你們隨後來啊！」然後哈哈大笑。那天晚上下課，我獨自穿過一個陰森的人行地下道，突然想起自己先前說的話，竟然開始懷疑會不會笑得出來。我常跟學生講，我不怕死，但是怕痛。死亡不可怕，不死才可怕；我無法想像人生一直活下去要做些什麼。不過現今至少有四分之一的人，到頭來會死於痛苦的絕症；聽到各式各樣有關受盡折磨病死的傳言，我不禁感到驚恐。誰也無法預料自己死前會是何等景象，但終究必須嚥下最後一口氣。我只希望在嚥氣之前，還有氣力說出上面那句話，並且放聲大笑。

　　其實細細咀嚼那句話，又勾起我的一些疑惑。「我先走了」，走去那裡？信教的人有「死後世界」可以投奔，有「死後生命」為之嚮往；不興或不信此道的人，只好獨自承擔「不知所終」的孤寂和失落感。現世主義者著眼於當下，不去碰生前與死後之種種，難免會產生一些焦慮。但是放大去看，科學告訴我們宇宙無限大，相形之下人類益發顯得渺小。過去我也經常對宇宙之外有些什麼感到困惑，如今則覺得有此遐想不一定要找到答案。如果我們把追求真相的心態，轉換為追求美感的體驗，也許會為之釋然。人類登陸月球後，沒有發現嫦娥和玉兔，卻更加鞏固了嫦娥奔月的神話地位。人死後明明無處可去，但是把它想像成登上天堂、步入極樂、回返道山，也不失美事一件。

　　用審美的眼光看待事物，可以矇矓一些，不必太當真。於是我開始相信自己一旦「先走了」，便得以擺脫「心為形役」的

苦痛，迎向海闊天空、自由自在的美麗境界。陶淵明不願為五斗米折腰，乃有「歸去來兮」的決定。人生終究得有個去處，無處可去或不想漂泊則乾脆回家。我們大可把死亡想像成回家，回到還不曾受孕以前那種空靈的境地。年輕時我對性愛之事感到好奇，發心一探究竟，甚至還開過一門「愛情學」的課，卻終究不曾轟轟烈烈。後來開始對生死之事強烈嚮往，一頭栽進生死學的世界，浮沉十數載，著述十餘冊，近來卻漸感辭窮與不耐。看來生死不能一味空想，生活仍然必須實實在在地過。長期以來的求知生涯，不知是否能夠用美感去加以修飾？

參考文獻

上海市科教委等（2005）。《上海市中小學生命教育指導綱要》（試行）。上海：中共上海市科技教育工作委員會、上海市教育委員會。

上海市龍華殯儀館（2003）。〈「人生後保險」之中國探索——記《友邦附加八十八周歲定期壽險》的誕生〉。《載於上海殯葬文化研究所編，上海國際殯葬服務學術研討會論文集》（頁113-121）。上海：上海殯葬文化研究所。

尤銘煌（2003）。〈日本最新葬儀情事：脫「墓」族及生前契約葬禮族〉。載於鈕則誠、王士峰主編，《生命教育與生死管理論叢第貳輯——生死教育與管理》（頁99-113）。臺北：中華生死學會、中華殯葬教育學會。

方志華（2004）。《關懷倫理學與教育》。臺北：洪葉。

王夫子（1998）。《殯葬文化學——死亡文化的全方位解讀》。北京：中國社會。

王夫子（2003）。《殯葬服務學》。北京：中國社會。

王北生等（2004）。《生命的暢想：生命教育視閾拓展》。北京：中國社會科學。

王立新等（2005）。《大學生素質教育概論》。北京：科學。

王邦雄（1987）。《再論緣與命》。臺北：漢光。

王邦雄（2006）。〈「生」從祖宗來，「死」往兒孫去〉。《中央日報》，2月14日。

王岳川（2004）。〈後現代後殖民文化哲學的思想蹤跡〉。載於王岳川主編，《中國後現代話語》（頁3-31）。廣州：中山大學。

王國芳（2003）。〈人本主義心理學〉。載於楊鑫輝主編，《新編心理學史》（頁363-387）。廣州：暨南大學。

王義遒（2003）。《文化素質與科學精神——談學論教續集》。北京：北京大學。

王曉朝（2004）。《宗教學基礎十五講》。北京：北京大學。

申敬民（2001）。〈論樹葬的推陳出新〉。載於朱金龍主編，《殯葬文化研究》（上冊）（頁203-210）。上海：上海書店。

石中英等（2002）。《教育學基礎》。北京：教育科學。

朱哲（2000）。《先秦道家哲學研究》。上海：上海人民。

江正文（譯）（2001）。《達爾文的蚯蚓——亞當‧菲立普論生與死》（A. Phillips著）。臺北：究竟。

江燦騰（1997）。《臺灣當代佛教——佛光山、慈濟、法鼓山、中臺山》。臺北：南天。

牟宗三（2005）。《生命的學問》。桂林：廣西師範大學。

何福田（主編）（2006）。《生命教育》。臺北：心理。

但昭偉（2002a）。《道德教育——理論、實踐與限制》。臺北：五南。

但昭偉（2002b）。《思辯的教育哲學》。臺北：師大書苑。

余佩珊（譯）（1998）。《非營利機構的經營之道》（P. F. Drucker著）。臺北：遠流。

余英時（1999）。〈士與知識分子〉。載於祝勇編，《知識分子應該幹什麼——一部關乎命運的爭鳴錄》（頁3-14）。北京：時事。

余德慧（1991）。〈愛必強求〉。載於余德慧策劃，《中國人的新孝觀——親恩與回報》（頁4-12）。臺北：張老師。

余錦波（1997）。〈倫理與道德〉。載於陶黎寶華、邱仁宗主編，《價值與社會》（第一集）（頁3-13）。北京：中央編譯。

吳汝鈞（2005）。〈宗教對話與生命教育〉。《鵝湖學誌》，35，1-34。

吳秀碧（主編）（2006）。《生命教育理論與教學方案》。臺北：心理。

呂應鐘（2001）。《現代生死學》。臺北：新文京。

宋明哲（2002）。〈風險理論與風險管理全貌〉。載於宋明哲、蔡政憲、徐廷榕合著，《風險管理》（頁3-16）。臺北：空中大學。

李玉華、李景平（主編）（2001）。《大學生素質論》。西安：西安交通大學。

李建鳳（2005）。《中國現代殯葬教育十年——記長沙民政職業技術學院殯儀系》。長沙：長沙民政職業技術學院。

李慧仁（2005）。〈殯葬服務業的人性服務從臨終關懷開啓〉。《生命禮站》，1，7。

李慧萍（2005）。《建構華人生命教育取向的殯葬教育》。銘傳大學教育研究所碩士學位論文。臺北：銘傳大學。

車文博（2002）。《西方心理學史》。杭州：浙江教育。

車文博（2003）。《人本主義心理學》。杭州：浙江教育。

佟筱夢（主編）（2005）。《婚喪喜慶》。北京：朝華。

周林（1999）。〈素質教育解析〉。載於羅時茂主編，《素質教育探索》（頁序4-12）。成都：四川教育。

周煦良、湯永寬（譯）（2005）。《存在主義是一種人道主義》（J.-P. Sartre著）。上海：上海譯文。

周曉虹（主編）（2005）。《全球中產階級報告》。北京：社會科學文獻。

孟祥森（譯）（1978）。《哲學新世界》（A. Kaplan著）。臺北：牧童。

林文彬、廖月娟（譯）（1998）。《生命的臉》（S. B. Nuland著）。臺北：時報文化。

林安梧（2004）。〈「自然先於人、人先於自然科學」：記一段科學史的學問因緣〉。《鵝湖月刊》，344，25-29。

林志成、劉藍玉（譯）（2000）。《兩種文化》（C. P. Snow著）。臺北：貓頭鷹。

林綺雲（主編）（2000）。《生死學》。臺北：洪葉。

林靜茹（2001）。《非營利組織女性主義管理哲學與事業倫理學——從杜拉克之管理哲學到諾丁的關懷倫理》。南華大學非營利事業管理研究所碩士學位論文。嘉義：南華大學。

邱麗芬（2002）。《當前美國殯葬教育課程設計初探——兼論國內殯葬相關教育的實施現況》。南華大學生死學研究所碩士學位論文。嘉義：南華大學。

金耀基（1983）。《大學之理念》。臺北：時報文化。

侯南隆（2005）。〈專業間的競爭核心是什麼？——從「禮儀師」到「心理師」〉。《臺北市諮商心理師公會通訊》，6，1-2。

施忠連（譯）（1999）。《漢哲學思維的文化探源》（D. L. Hall與R. T. Ames合著）。南京：江蘇人民。

胡適（1996）。《中國哲學史大綱》（卷上）。北京：東方。

胡文郁等（2005）。《臨終關懷與實務》。臺北：空中大學。

胡孚琛、呂錫琛（2004）。《道學通論——道家、道教、丹道》（增訂版）。北京：社會科學文獻。

韋政通（1977）。《中國哲學辭典》。臺北：大林。

卿希泰、唐大潮（2006）。《道教史》。南京：江蘇人民。

唐君毅（1975）。《心物與人生》。臺北：學生。

徐復觀（2001）。《中國人性論史‧先秦篇》。上海：上海三聯。

徐福全（1993）。〈臺灣地區開發與禮俗源流〉。載於內政部編，《喪葬禮儀進修人員講習會教材參考資料》（頁1-28）。臺北：內政部。

徐福全（2005）。〈殯葬業是什麼行業？〉。《生命禮站》，1，6。

晏可佳等（譯）（2004）。《宗教思想史》（M. Eliade著）。上海：上海

社會科學院。

袁寶華（2000）。〈提高勞動者素質與經濟社會發展〉。載於董明傳主編，《面向21世紀我的教育觀：成人教育卷》（頁443-451）。廣州：廣東教育。

馬振濤、楊淑學（譯）（2002）。《加繆》（R. Kamber著）。北京：中華。

高文等（譯）（2003）。《教育中的建構主義》（L. P. Steffe 與J. Gale合編）。上海：華東師範大學。

張業清（譯）（1990）。〈醫學如何挽救了倫理學〉（S. Toulmin著）。載於石毓彬等譯，《現代世界倫理學新趨向》（頁323-343）。北京：中國青年。

教育部（1986）。《「我國大學通識教育實施現況之調查研究」報告》。臺北：教育部。

教育部（2001）。《教育部推動生命教育中程計畫（九十至九十三年度)》。臺北：教育部。

教育部（2005）。《普通高級中學課程暫行綱要》。臺北：教育部。

梁峻（2004）。《中國中醫考試史論》。北京：中醫古籍。

梁漱溟（2000）。《中國文化要義》。上海：學林。

莊耀嘉、楊國樞（1991）。〈傳統孝道的變遷與實踐：一項社會心理學之探討〉。載於楊國樞、黃光國主編，《中國人的心理與行為（一九八九)》（頁135-175）。臺北：桂冠。

陳冠任、易揚（2004）。《中國中產者調查》。北京：團結。

陳姿吟（2002）。《最後的儀容──遺體修復人員之專業養成》。南華大學生死學研究所碩士學位論文。嘉義：南華大學。

陳娟娟等（2005）。《人類發展學》。臺北：啓英。

陳曼玲（2000）。〈教部1.6億推動生命教育〉。《中央日報》。8月2日。

陳德和（2005）。〈生命教育的正途與常道〉。《鵝湖月刊》，361，
　　3。

陳德和（2006a）。〈儒家思想的生命教育理論（上）──對諍於全人
　　教育論、多元知能論和層次進步論〉。《鵝湖月刊》，367，24-
　　33。

陳德和（2006b）。〈儒家思想的生命教育理論（下）──對諍於全人
　　教育論、多元知能論和層次進步論〉。《鵝湖月刊》，368，17-
　　24。

陳曉平（2002）。《面對道德衝突──關於素質教育的思考》。北京：
　　中央編譯。

陶在樸（1999）。《理論生死學》。臺北：五南。

陶行知（2003）。〈生活教育〉。載於張人傑、王衛東主編，《20世紀
　　教育學名家名著》（頁857-858）。廣州：廣東高等教育。

傅偉勳（1993）。《死亡的尊嚴與生命的尊嚴──從臨終精神醫學到現
　　代生死學》。臺北：正中。

傅偉勳（1996）。〈論人文社會科學的科際整合探索理念暨理路〉。
　　《佛光學刊》，1，117-129。

曾仕強（1990）。〈以儒家為主流的中國式管理理念〉。載於楊國樞、
　　曾仕強主編，《中國人的管理觀》（頁75-94）。臺北：桂冠。

曾煥棠（2005）。《認識生死學──生死有涯》。臺北：揚智。

曾漢塘、林季薇（譯）（2000）。《教育哲學》（N. Noddings著）。臺
　　北：弘智。

鈕則誠（2001）。〈結語：生死學的檢討與展望〉。載於鈕則誠、趙可
　　式、胡文郁合著，《生死學》（頁227-239）。臺北：空中大學。

鈕則誠（2003）。《醫護生死學》。臺北：華杏。

鈕則誠（2004a）。《生命教育概論──華人應用哲學取向》。臺北：揚
　　智。

鈕則誠（2004b）。《生命教育——學理與體驗》。臺北：揚智。

鈕則誠（2004c）。《教育哲學——華人應用哲學取向》。臺北：揚智。

鈕則誠（2005）。〈第二篇　華人生死學〉。載於鈕則誠、趙可式、胡文郁合著，《生死學》（二版）（頁197-328）。臺北：空中大學。

鈕則誠（2006）。《殯葬學概論》。臺北：威仕曼。

鈕則誠等（2004）。《醫學倫理學——華人應用哲學取向》。臺北：華杏。

鈕則誠等（2005）。《生死學》（二版）。臺北：空中大學。

馮友蘭（2004）。《馮友蘭自述》。北京：中國人民大學。

馮建軍（2004）。《生命與教育》。北京：教育科學。

黃向陽（2001）。《德育原理》。上海：華東師範大學。

黃有志（2002）。《殯葬改革概論》。高雄：黃有志。

黃有志、鄧文龍（2001）。《往生契約概論》。高雄：黃有志。

黃有志、鄧文龍（2002）。《環保自然葬概論》。高雄：黃有志。

黃俊傑（2002）。《大學通識教育探索：臺灣經驗與啓示》。桃園：中華民國通識教育學會。

楊明（主編）（2002）。《思想道德修養》。南京：南京大學。

楊國樞（1988）。《中國人的蛻變》。臺北：桂冠。

楊淑智（譯）（2004）《當代生死學》（C. A. Corr、C. M. Nabe與D. M. Corr合著）。臺北：洪葉。

楊慕華（譯）（1995）。《死亡的臉》（S. B. Nuland著）。臺北：時報文化。

楊寶樹（主編）（2004）。《面向新世紀的美育與素質教育》。北京：人民。

萬金川（2000）。〈生命禮儀——以成年禮與婚禮爲中心〉。載於尉遲淦主編，《生死學概論》（頁135-166）。臺北：五南。

葉光輝、楊國樞（1991）。〈孝道認知結構組型之分析〉。載於楊國

楓、黃光國主編，《中國人的心理與行為（一九八九）》（頁95-133）。臺北：桂冠。

葉啓政（2001）。《社會學和本土化》。臺北：巨流。

漆雲慶等（2003）。〈殯葬生前計劃模式初探〉。載於上海殯葬文化研究所編，《上海國際殯葬服務學術研討會論文集》（頁56-71）。上海：上海殯葬文化研究所。

趙敦華（1997）。〈神聖價值與世俗價值相結合的人生觀──從宗教學角度談宗教本質〉。載於張志剛、斯圖爾德主編，《東西方宗倫理及其他：第三屆中美哲學與宗教學研討會論文集》（頁163-176）。北京：中央編譯。

劉作揖（2003）。《生死學概論》。臺北：新文京。

劉志軍等（2004）。《生命的律動：生命教育實踐探索》。北京：中國社會科學。

劉惠琴（2002）。〈助人專業與性別實踐〉。《應用心理研究》，13，45-72。

劉濟良（2004）。《生命教育論》。北京：中國社會科學。

劉濟良等（2004）。《生命的沉思：生命教育理念解讀》。北京：中國社會科學。

蔡元培（2003）。〈以美育代宗教說〉。載於張人傑、王衛東主編，《20世紀教育學名家名著》（頁738-742）。廣州：廣東高等教育。

諸華敏（2003）。〈文化服務：殯葬服務的新領域〉。載於上海殯葬文化研究所編，《上海國際殯葬服務學術研討會論文集》（頁54-58）。上海：上海殯葬文化研究所。

鄭志明（1999）。《臺灣新興宗教現象──傳統信仰篇》。嘉義：南華管理學院。

鄭志明（2000）。《以人體為媒介的道教》。嘉義：南華大學。

鄭志明（2005a）。《臺灣傳統信仰的宗教詮釋》。臺北：大元。

鄭志明（2005b）。《臺灣傳統信仰的鬼神崇拜》。臺北：大元。

鄭曉江（1999）。《穿透人生》。上海：上海三聯。

鄭曉江（2002）。《尋求人生的真諦——生死問題的探索》。南昌：百
　　花洲文藝。

鄭曉江（2005）。《中國生命學——中華賢哲之生死智慧》。臺北：揚
　　智。

鄭曉江（2006）。《生死學》。臺北：揚智。

鄧志松（2000）。〈美國大學通識教育近年的變革：參考與借鏡〉。
　　《中大社會文化學報》，11，141-168。

鍾志賢（2004）。《深呼吸：素質教育進行時》。北京：教育科學。

譚家瑜（譯）（2002）。《醫院裡的哲學家》（R. M. Zaner著）。臺北：
　　心靈工坊。

嚴平等（譯）（1990）。《死亡與垂死》（S. G. Wilcox 與M. Sutton合
　　編）。北京：光明日報。

饒異倫（2001）。《文化素質教育的研究與實踐》。長沙：湖南人民。

甯應斌（1997）。〈「應用倫理學」是「理論倫理學」的應用嗎？〉。
　　《應用倫理研究通訊》，3，8-9。

尉遲淦（2003）。《禮儀師與生死尊嚴》。臺北：五南。

尉遲淦（主編）（2000）。《生死學概論》。臺北：五南。

後　記

　　過年時開始寫書，前後兩個月至此告一段落，深深有種辭窮的感覺，乃決定休息充電，悠遊一陣再起步。寫這本書是個意外，我原先與公司簽約寫《護理倫理學》，兩章完成後竟無以為繼，只好罷手。幸好那兩章幾經改寫，將分別成為研討會及期刊論文。經歷我從未有的半途而廢，連帶使我打消續寫《殯葬倫理學》的念頭，但終究還是想為殯葬改革做點事情。加上受到先前指導研究生李慧萍小姐撰寫殯葬生命教育碩士學位論文的啓發，我便改弦更張再度動筆。跟生命教育剪不斷理還亂地糾纏了八年，到如今手上還有一個教育部的專案在進行，我逐漸體會到「起而行」較「坐而言」更為迫切重要。近年話說得太多了，寫完這本書頓覺有著解放的感受。還是去快活過日子罷！

2006年　愚人節自愉之作

國家圖書館出版品預行編目資料

殯葬生命教育 = Chinese life education for
funeral professionals and consumers /
鈕則誠作. -- 初版. -- 臺北縣深坑鄉：
揚智文化, 2007[民 96]
　　面 ；　公分. -- (生命.死亡教育叢
書 ; 13)

ISBN 978-957-818-806-8(平裝)

1. 生命教育　2. 殯葬業

528.59　　　　　　　　　　　96000620

生命‧死亡教育叢書 13

殯葬生命教育

作　　　者／鈕則誠
出 版 者／揚智文化事業股份有限公司
發 行 人／葉忠賢
總 編 輯／閻富萍
登 記 證／局版北市業字第 1117 號
地　　　址／台北縣深坑鄉北深路三段 260 號 8 樓
電　　　話／(02)2664-7780
傳　　　真／(02)2664-7633
　E-mail ／service@ycrc.com.tw
郵撥帳號／19735365
戶　　　名／葉忠賢
印　　　刷／鼎易印刷事業股份有限公司
　I S B N ／978-957-818-806-8
初版一刷／2007 年 2 月
定　　　價／新台幣 250 元

生命教育

著　　　者／郭靜晃 等著

出　版　者／揚智文化事業股份有限公司

發　行　人／葉忠賢

總　編　輯／閻富萍

登　記　證／局版北市業字第 1117 號

地　　　址／台北縣深坑鄉北深路三段 260 號 8 樓

電　　　話／(02)8662-6826

傳　　　眞／(02)2664-7633

印　　　刷／偉勵彩色印刷股份有限公司

法律顧問／北辰著作權事務所　蕭雄淋律師

初版五刷／2009 年 3 月

定　　　價／450 元

ＩＳＢＮ：957-818-354-2

🖃E-mail：book3@ycrc.com.tw

網址：http://www.ycrc.com.tw

國家圖書館出版品預行編目資料

生命教育 / 郭靜晃等著. --初版. --臺北市
：揚智文化, 2002[民 91]
　　面；　公分.
　　含參考書目
　　ISBN：957-818-354-2(平裝)

　1.生命教育-論文,講詞等

528.5907　　　　　　　　　　　　90019009